Klaus Christian Richter
Kavallerie der Wehrmacht

Genehmigte Lizenzausgabe für „Edition Dörfler" im
Nebel Verlag GmbH, Utting

2 3 4 5 4 3 2 1

Klaus Christian Richter

Kavallerie der Wehrmacht

DÖRFLER
ZEITGESCHICHTE

Kesselpauker des Kavallerie-Regiment 18 (1938). Das Paukenpferd trägt die Pferdeausrüstung mit Unterlegedecke gemäß Verfügung vom 2.11.1937, welche auch Form und Embleme der Paukenbehänge festlegte.

Inhalt

Der Mantel für die Unteroffiziere und Mannschaften war aus feldgrauem, z. T. recht grobem Tuch gefertigt, so daß er scherzhaft als »Woilach« bezeichnet wurde. Er war der einzige Kälteschutz des Reichsheeres und später der Wehrmacht bis 1942. Zwei Kavallerie-Trompeter geben nach einem Manöver das Signal zum »Sammeln«.
Gut erkennbar das sogenannte »Vorderzeug«, welches ein Verrutschen des Sattels verhindern sollte. Es wurde im Rahmen der Gepäckerleichterung 1940 abgeschafft.

Zum Geleit

Seinen beiden bisherigen Büchern über die Geschichte der deutschen Kavallerie hat Klaus Christian Richter jetzt einen dritten Band folgen lassen, der sich mit der vielschichtigen Gliederung, Bewaffnung, Ausrüstung und Ausbildung befaßt, und zwar von der Aufstellung der Reichswehr 1919 an, bis hin zu den letzten vier vollberittenen Reiter-Regimentern des I. (Heeres-) Kavallerie-Korps, die im Juni 1945 in Württemberg von der US-Armee aufgelöst wurden.
Mit der ihm eigenen Gründlichkeit und seiner klaren Darstellungsweise ist es dem Autor gelungen, auch in dieser Dokumentation das Bild der ehemaligen Kavallerie-Verbände anschaulich und belegt mit einer großen Zahl von Originalfotos, Graphiken usw. nachzuzeichnen. Dies ist umsomehr anzuerkennen, da er als Angehöriger des Jahrgangs 1935 die geschilderten Vorgänge persönlich nicht miterlebt hat, sondern das Material anhand umfangreicher Recherchen erst zusammentragen mußte.
Nach einem Rückblick auf die 18 Reiter-Regimenter der Reichswehr ab 1919 schildert das Buch die Weiterentwicklung zu Kavallerie-Regimentern beim Aufbau der Wehrmacht 1935, deren Auflösung dann anläßlich der Aufstellung der Divisions-Aufklärungsabteilungen zu Beginn des II. Weltkrieges 1939, und schließlich die Wiedergeburt der deutschen Heeres-Kavallerie mit zunächst drei Kavallerie-Regimentern im Jahr 1943 bis zu ihrer letztendlichen Auflösung durch die US-Army im Juni 1945.
Schon aus dieser Kurzdarstellung wird deutlich, welche enorme Einsatzbereitschaft bei der Truppe notwendig war, um eine solch umfangreiche Aufstellung neuer, einsatzfähiger Verbände und Einheiten innerhalb kürzester Zeit durchzuführen. Dies gilt insbesondere für die Kriegsjahre 1943-1945, in denen anderen Truppengattungen personeller und materieller Ersatz kaum noch zugeführt werden konnte.
Neben präziser Beschreibung der damals eingesetzten, modernsten Waffen und Geräte, wird ebenso der hervorragende Ausbildungsstand besonders bei den Führern und Unterführern herausgestellt. Schon in Friedenszeiten hatte die Ausbildung von Mann und Pferd bei der Kavallerie Priorität im täglichen Dienst. Und sie wurde ständig fortgesetzt, sogar noch in den Jahren 1943-1945 zwischen den Einsätzen in den kurzen Ruhepausen hinter der Hauptkampflinie, teilweise selbst in den Stellungen, wenn es die Gefechtslage zuließ. Sie formte die Reiter, gab ihnen Sicherheit, sodaß sie auch unter den härtesten psychischen und physischen Belastungen noch große Leistungen im Sinne echten Reitergeistes vollbrachten. Dies gilt auch für die schweren Rückzugskämpfe in der zweiten Kriegshälfte bis in deren letzte Tage, und das angesichts des sich abzeichnenden Zusammenbruchs von Front und Heimat. Die alten soldatischen Tugenden bewährten sich erneut: Mut, Pflichtbewußtsein, Verantwortungsgefühl, Treue, Kameradschaft und außerdem die Liebe zum Pferd. Nur so war es möglich, daß die Schwadronen bis zum letzten Tag zusammenhielten und im Juni 1945 Abteilung nach Abteilung geschlossen in die württembergischen Städte einreiten konnten.
Damit hatte 1945 eine traditionsreiche, stolze Waffengattung als einzige aufgehört zu bestehen, die über Jahrhunderte hinweg größte Erfolge an ihre Standarten heften konnte. Bei der Aufstellung der Bundeswehr 1955 wurde die Kavallerie der modernen Technik und der Motorisierung geopfert.
Dennoch aber lebt der bewährte alte Reitergeist in den heutigen Panzer-Aufklärungs-Bataillonen sowie in den Einheiten der Luftlande-Brigaden weiter, die Aufga-

ben der ehemaligen Kavallerie und zum Teil auch deren Traditionen übernommen haben.
So wird gewiß die in diesem Buch dargestellte Reiterwaffe bei den ehemaligen Kavalleristen alte Erinnerungen wachrufen und den Soldaten der Bundeswehr sowie der reiterlich interessierten jungen Generation heute und morgen vielleicht in manchen Aspekten als Leitbild dienen.

Stuttgart, im Herbst 1994

Rittmeister a. D.
letzter Schwadron-Chef der 9. (schw.)/R.R. 32

Eine Reiterschwadron des Kav.-Rgt. 13 vor der Parade am 20. April 1939.

Historische Entwicklung

Mit dem Gesetz zum Aufbau der Wehrmacht vom 16. März 1935 wurde die bisherige Reichswehr in die nun aufzubauenden neuen Streitkräfte übergeführt. Die Reichswehr, die dem Deutschen Reich nach dem verlorenen I. Weltkrieg im »Vertrag von Versailles« zugestanden worden war, bestand aus 100.000 Mann und sollte nach dem Willen der Sieger von 1918 keine Armee im eigentlichen Sinne sein. Der Artikel 160 dieses Vertrages schrieb unmißverständlich vor: »Das Heer ist nur für die Erhaltung der Ordnung innerhalb des deutschen Gebietes und zur Grenzpolizei bestimmt«. Um diese Bestimmung auf Dauer unveränderbar zu machen, war der zahlenmäßige Umfang der deutschen Streitkräfte verbindlich vorgeschrieben und deren materielle Ausstattung bis ins Letzte festgelegt. So wurde u. a. die Verwendung aller damals modernen Waffen verboten, wie z. B. schwere Artillerie,

Oben:
Herbstmanöver des IX. Armeekorps 1935 in Bayern. Eine Reiterschwadron sammelt auf der Dorfstraße. Das Bild vermittelt einen Eindruck von der Bewaffnung und Ausrüstung der Kavallerie in den ersten Jahren der Wehrmacht. Typisch der Stahlhelm mit Ohrenausschnitten, von der Truppe als »Kavalleriehelm« bezeichnet. Die Standardwaffe ist der Karabiner 98b, Wachtmeister und MG.-Schützen sind mit der Pistole 08 bewaffnet.
Das hervorragende, noch in der Zeit der Reichswehr ausgebildete Pferdematerial trägt die Packtaschen 34 und das Hintergepäck.

Panzer und Flugzeuge, aber auch Panzerabwehr- und Flugabwehrgeschütze. Selbst der Einsatz von Kraftfahrzeugen für militärische Zwecke war auf eine sehr geringe Anzahl begrenzt worden, eine Tatsache, die vielfach selbst bei Militärexperten in Vergessenheit geraten ist.
Im »Vertrag von Versailles« waren jedoch nicht nur die Verbote festgelegt worden, sondern auch Gliederung und Struktur des deutschen Heeres. Danach sollten 7 Infanterie-Divisionen und 3 Kavallerie-Divisionen errichtet werden, die von 2 Gruppenkommandos geführt wurden.
Die 10 Divisionen verfügten insgesamt über folgende Truppen:
— 21 Infanterie-Regimenter
— 18 Reiter-Regimenter
— 7 Artillerie-Regimenter
— 7 Pionier-Bataillone
— 7 Nachrichten-Abteilungen
— 7 Kraftfahr-Abteilungen
— 7 Fahr-Abteilungen und
— 7 Sanitätsabteilungen
Diese Zusammensetzung weist mit 18 Regimentern einen hohen Anteil an Kavallerie auf. Noch deutlicher wird der zahlenmäßig starke Kavallerie-Anteil, wenn man die absoluten Zahlen betrachtet. Von den 100.000 Mann des Reichsheeres waren 16.400 Reiter.
Die umfangreiche Kavallerie war dem Deutschen Reich von der ehemaligen Entente zudiktiert worden, weil diese glaubte davon ausgehen zu können, daß eine unzeitgemäße, mit Lanzen ausgerüstete Reiterei keine große Bedrohung darstellen würde. Hinzu kamen die für die damalige Zeit relativ hohen Kosten, welche Beschaffung und Unterhaltung der Kavalleriepferde erforderten. Diese finanziellen Mittel konnte Deutschland nicht für andere militärische Zwecke verwenden.
Über die Einhaltung aller Verbote, Bestimmungen und Auflagen wachte eine Interalliierte-Militär-Kontroll-Kommission (I.M.K.K.) Sie konnte die Verbände der Reichswehr ständig, auch unangemeldet aufsuchen, um mögliche Verstöße zu entdecken oder auch nur Beanstandungen vorzubringen.
Unter diesen Umständen blieb den Chefs der Heeresleitung, und hier ist in erster Linie Generaloberst von Seeckt zu nennen, nichts anderes übrig, als das Bestmögliche aus dieser Situation zu machen.
Die Reiter-Regimenter der Reichswehr waren bis etwa 1928 folgendermaßen gegliedert:
Regimentsstab mit Trompeterkorps
1 Nachrichten-Zug
4 (Feld-)Eskadrons zu je 4 Offz., 170 Mann und 200 Pferden,
1 Ergänzungs-Eskadron zu 4 Offz., 110 Mann und 170 Pferden,
1 s.MG.-Zug zu 4 s.MG. 08 (wassergekühlt).
Der MG.-Zug mußte gemäß Auflage der I.M.K.K. in 2. Halbzüge geteilt, an zwei auseinanderliegenden Standorten untergebracht werden.
Bei 7 Reiter-Regimentern war eine weitere Eskadron vorhanden, die im Einsatz jeweils einer Infanterie-Division als Aufklärungsorgan unterstellt werden sollte. Die Divisions-Eskadron hatte eine Stärke von 4 Offz., 150 Mann und 180 Pferden.
Insgesamt verfügte die Reichswehr-Kavallerie über 97 Eskadrons.
Die Bewaffnung der Reiter bestand zunächst aus dem Karabiner 98a mit Seitengewehr, dem Mannschaftssäbel und der 3,20 m langen Stahlrohrlanze. Später erhielt jeder Reiterzug ein »leichtes« MG. 08/15 (wassergekühlt) zugeteilt.
Diese Gliederung und Ausstattung war ganz bewußt auf dem Stand des I. Weltkrieges festgeschrieben worden, um das Reichsheer anderen europäischen Armeen gegenüber in einem Status der Unterlegenheit zu belassen.
Erst nachdem 1926 die Interalliierte-Militär-Kontroll-Kommission ihre Tätigkeit eingestellt hatte, konnte vorsichtig mit der Umgestaltung der Kavallerie begonnen werden. Am 3. Oktober 1927 verschwanden die Lanzen »auf Kammer«. Der in seinen Leistungen eingeschränkte Karabiner 98a wurde durch den Karabiner 98b ersetzt, welcher in seinen Abmessungen und seiner Ballistik voll dem Gewehr 98 entsprach.

Die Kavallerie des Reichsheeres war bis 1927 mit der 3.20 m langen Stahlrohrlanze bewaffnet. Diese traditionelle Waffe gab der Reiterei zwar ein malerisches Gepräge, beeinträchtigte jedoch die Entwicklung zur schnellen Feuerwaffe.
Die Ausb.-Eskadron des 1. (Preuß.) Reiter-Rgts. am 26.10.1925 in Insterburg / Ostpreußen anläßlich der Einweihung des Denkmals für das Jäger-Rgt. zu Pferde Nr. 9 der alten Armee.

Unten: Diese Postkarte vom Tr.Üb.Platz Wahn aus dem Jahr 1938, heute der Flugplatz Köln-Bonn, zeigt die Waffen eines Kavallerie-Regiment, mit Ausnahme der Panzerspähwagen. Die Reiter mit Mannschaftssäbel und Karabiner 98b, die 3,7 Pak, das Gewehr 98 der nicht berittenen Soldaten, das 1. IG. 18 (Kavallerie-Geschütz) sowie das s.MG. 08 (wassergekühlt).

Somit konnte die Kavallerie abgesessen den Feuerkampf in gleicher Weise wie die Infanterie führen. Ziel war es, aus der Kavallerie eine »schnelle Feuerwaffe« zu machen. Dazu waren allerdings weitere Unterstützungswaffen erforderlich, die der Vertrag von Versailles jedoch nach wie vor nicht gestattete. Man behalf sich durch die Einführung sogenannter »Holzgeschütze«, die in Ausbildung und Übung Kavallerie-Geschütze, später auch Tankabwehr-Kanonen (Tak) darstellten. Mit dieser Maßnahme sollten Beanstandungen seitens des Auslandes vorerst vermieden werden.

Nachdem Deutschland 1933 aus dem Völkerbund ausgetreten war, wurden die Holzattrappen durch echte Geschütze ersetzt, die man aus Tarnungsgründen zunächst als »Minenwerfer« bezeichnete. Ebenfalls nach 1933 entstanden aus den Tak-Attrappen bei allen Reiter-Regimentern echte Tak-Züge, die allerdings noch bespannt waren. Im Herbst 1934 traten die ersten wesentlichen Veränderungen bei der Kavallerie ein. Die Reiter-Regimenter 11, 12 und 16 wurden zu Schützen-Regimentern (mot.) bzw. Kradschützen-Bataillonen umgerüstet. Zahlreiche andere Reiter-Regimenter mußten ganze Schwadronen zur Aufstellung von Panzer-, Panzerabwehr- und Panzeraufklärungs-Verbänden abgeben.

Während des Jahres 1935 wurden dann die Reiter-Regimenter 4 und 7 in Panzer-Regimenter umgewandelt.

DIE ENTWICKLUNG DER KAVALLERIE VON 1934—1938 EINSCHLIESSLICH IHRER STANDORTE

Reiter-Rgt.	1. 4. 34	1. 10. 34	15. 10. 35	6. 10. 36	12. 10. 37	10. 11. 38
1.	*Tilsit* Insterburg 1. KB/1. KD	*Insterburg* 5. RB/Kav.K	*Insterburg* 5. RB/I	*Reit. Insterburg* 1. KB/I	*Insterburg* 1. KB/I	*Insterburg* 1. KB/I
2.	*Osterode* Allenstein 1. KB/1. KD	*Angerburg* 5. RB/Kav.K	*Angerburg* 5. RB/I	*Reit. Angerburg* 1. KB/I	*Angerburg* 1. KB/I	*Angerburg* 1. KB/I
3.	*Rathenow* Stendal 1. KD	*Rathenow* Stendal 4. RB/2. KD	*Rathenow* Stendal 4. RB/2. KD	*Kav. vl. Rathenow* vl. Stendal IX	I *Göttingen* II Göttingen IX	I *Göttingen* II Göttingen IX
4.	*Potsdam* Perleberg 1. KD	*Potsdam* = PzRgt. 6 1. RB/1. KD	*Allenstein* Osterode 5. RB/I	*Reit. Allenstein* Osterode 1. KB/I	*Kav. I Allenstein* II Allenstein 1. KB/I	I *Allenstein* II Allenstein 1. KB/I für I
5.	*Stolp* Belgard 2. KB/1. KD	*Stolp* 1. RB/1. KD	*Stolp* 1. RB/1. KD	*Kav. Stolp* II	I *Stolp* II Stolp II	I *Stolp* II Stolp II
6.	*Pasewalk* Schwedt Demmin 2. KB/1. KD	*Schwedt* 1. RB/1. KD	*Schwedt* 1. RB/1. KD	*Kav. vl. Schwedt* III	I *Darmstadt* II vl. Bensheim XII	I *Darmstadt* II vl. Bensheim sp. Darmstadt XII
7.	*Breslau* Lüben KK Breslau/2. KD	*Breslau* = PzRgt. 2 3. RB/2. KD	— — —	— — —	— — —	— — —
8.	*Brieg* Oels Namslau KK. Breslau/2. KD	*Brieg* 3. RB/2. KD	*Brieg* Namslau 2. KD	*Kav. Brieg* Namslau VIII	I vl. *Brieg* II Oels VIII	I *Oels* II Oels VIII
9.	*Fürstenwalde* Beeskow KK Dresden/2. KD	*Fürstenwalde* Beeskow 4. RB/2. KD	*Fürstenwalde* Beeskow 4. RB/2. KD	*Kav. Fürstenwalde* vl. Beeskow III	I *Fürstenwalde* II Fürstenwalde III	I *Fürstenwalde* II Fürstenwalde III
10.	*Züllichau* Torgau KK Dresden/2. KD	*Torgau* 4. RB/2. KD	*Torgau* 2. KD	*Kav. Torgau* IV	I *Torgau* II Torgau IV	I *Torgau* II Torgau IV
11.	*Neustadt/OS* Ohlau Leobschütz KK Breslau/2. KD	— — — = Reit.Rgt.11 (mot.)	— — —	— — —	— — —	I *Stockerau*** II Stockerau** XVII
12.	*Dresden* Grimma Großenhain KK Dresden/2. KD	— — — = Reit.Rgt.12 (mot.)	— — —	— — —	— — —	— — —

Reiter-Rgt.	1. 4. 34	1. 10. 34	15. 10. 35	6. 10. 36	12. 10. 37	10. 11. 38
13.	*Hannover* Lüneburg 3. KB/3. KD	*Hannover* Lüneburg 2. RB/1. KD	*Hannover* Lüneburg 2. RB/1. KD	*Kav. Lüneburg* X	I *Lüneburg* II Lüneburg X	I *Lüneburg* II Lüneburg X
14.	*Ludwigslust* Parchim Schleswig 3. KB/3. KD	*Ludwigslust* Parchim 2. RB/1. KD	*Ludwigslust* Parchim 2. RB/1. KD	*Kav. Ludwigslust* Parchim XI	I *Parchim* II *Ludwigslust* XI	I Parchim II *Ludwigslust* XI
15.	*Paderborn* Neuhaus Münster 3. KD	*Paderborn* Neuhaus 2. RB/1. KD?	*Paderborn* Neuhaus VI	*Kav. Paderborn* Neuhaus VI	I Neuhaus II *Paderborn* VI	I Neuhaus II *Paderborn* VI
16.	*Erfurt* Hofgeismar Langensalza 3. KD	= Reit.Rgt.16 (mot.)	— — —	— — —	— — —	— — —
17.	*Bamberg* Ansbach Straubing 3. KD	*Bamberg* 6. RB/Kav.K	*Bamberg* VII	*Kav. Bamberg* VII	I *Bamberg* II Bamberg XIII	I *Bamberg* II Bamberg XIII
18.	*Stuttg.-Cannstatt* Ludwigsburg 3. KD	*Cannstatt* 6. RB/Kav.K	*Cannstatt* V	*Kav. Stuttg.-Cannstatt* Münsingen V	I vl. *Stuttgart* II Stuttgart V	I vl. *Stuttgart* sp. *Bruchsal* II Bruchsal V

Btl./Abt.		RADFAHRER-BATAILLON			RADFAHRER-BATAILLON	
1.			(bei der Inf.) *Radf.Btl. 1* vl. Tilsit (Wkr. I) 5. RB/I	(bei der Kav.) *Radf.Btl. 1* Tilsit 1. KB/I	*Radf.Abt. 1* Tilsit 1. KB/I	*Radf.Abt. 1* Tilsit 1. KB/I

* Abkürzungen: Kav.K = Kavalleriekorps, KD = Kavalleriedivision
KB = Kavalleriebrigade, RB = Reiterbrigade,
KK = Kavalleriekommando.

** am 1. 4. 1938 aus dem österr. Bundesheer übernommen

Sechsspännig gezogener Nachrichtenwagen eines Reiter-Regiments.

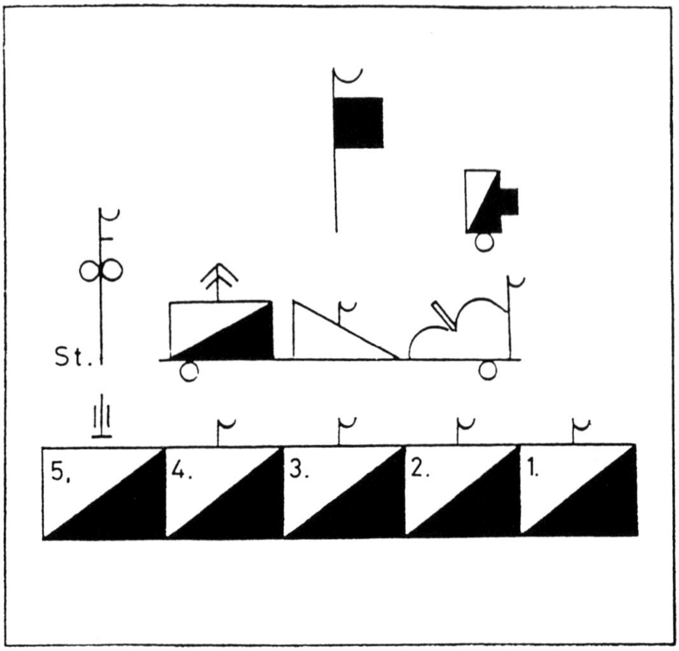

Die Gliederung eines Reiter-Rgts. (oben) und eines Kav.-Rgts. (unten)

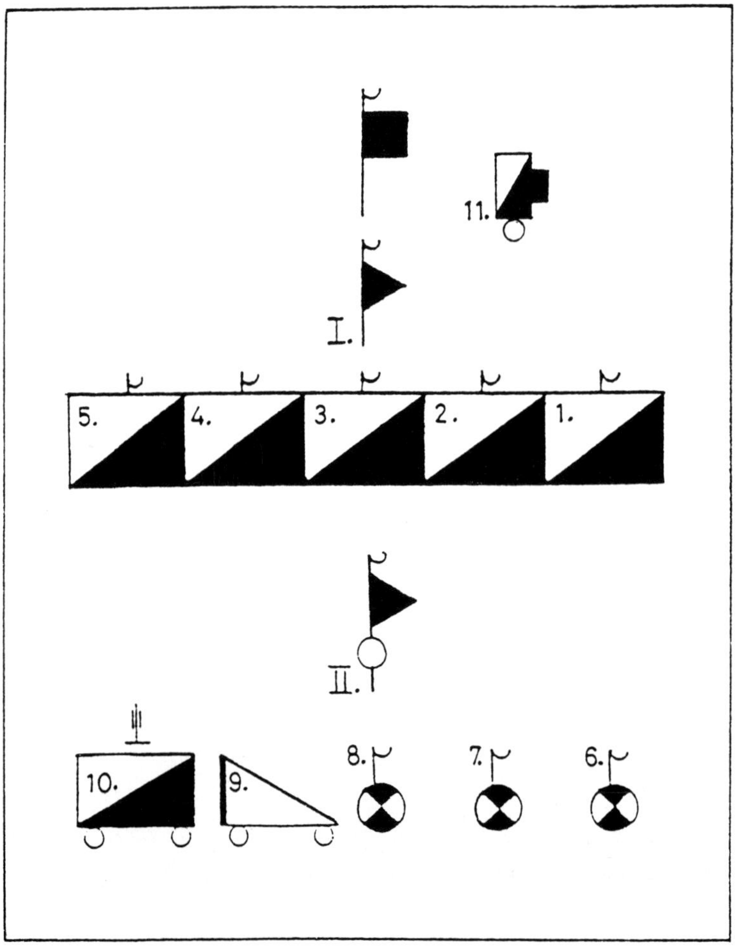

Der Heeresneuaufbau 1935-1938

Der 1935 entstandenen neuen Deutschen Wehrmacht verblieben nach den Abgaben 13 Reiter-Regimenter. Sie wuchsen rasch wieder auf ihre volle Stärke auf; zum einen durch die ebenfalls 1935 eingeführte allgemeine Wehrpflicht (diese war Deutschland nach dem I. Weltkrieg verboten worden), zum anderen durch die Übernahme berittener Formationen der Landespolizei sowie die Einstellung ehemaliger Offiziere der alten Armee und der Reichswehr.
Im Jahr 1936 setzten die Modernisierung und die Verstärkung der Kavallerie ein. Bereits im Winter 1934/35 waren die ersten Karabiner 98k an das Heer ausgeliefert worden, die den Karabiner 98b und das Gewehr 98 ablösten. Das MG. 34 ersetzte mehr und mehr das inzwischen auch bei der Kavallerie eingeführte l.MG. 13 (Dreyse) und das s.MG. 08 (wassergekühlt). Aus den bespannten Tak-Zügen wurden motorisierte Pak-Züge mit 3,7-cm-Panzerabwehrkanonen.
Mit der Aufstellung eines Panzerspäh-Zuges, eines Pionier-Zuges (mot.) und einer Radfahrerschwadron bei jedem Regiment wurde die Umstellung von den bisherigen Reiter-Regimentern zu Kavallerie-Regimentern eingeleitet. Die Reiter-Regimenter 1 und 2 in Ostpreußen erhielten keine Radfahrer und statt des Panzerspäh-Zuges nur einen Panzerspähtrupp zu 3 Fahrzeugen. Da sie nach wie vor überwiegend beritten waren, behielten sie auch die Bezeichnung »Reiter-Regiment«.
Bis 1938 entwickelte sich aus der Radfahrerschwadron die teilmotorisierte II. (Radf.-) Abteilung, wodurch alle Kavallerie-Regimenter auf 11 Schwadronen aufwuchsen.
Das 1935 in ein Panzer-Regiment umgewandelte Reiter-Regiment 4 wurde bereits 1936 in Allenstein/Ostpr. als Kavallerie-Regiment neu aufgestellt. Dazu kam 1938 die Wiedererrichtung des Kavallerie-Regiment 11, welches aus den 6 Schwadronen des österreichischen Bundesheeres in Stockerau bei Wien gebildet wurde.

Die nunmehr 13 Kavallerie-Regimenter waren als Korpstruppe jeweils einem der nicht motorisierten Armeekorps unmittelbar unterstellt. Ihre Aufgabe war es, jeder Infanterie-, bzw. Gebirgs-Division ihres Korps bei der Mobilmachung eine teilmotorisierte Aufklärungs-Abteilung zuzuführen. Sie stellten also die traditionelle **Truppenkavallerie** dar.
Die Reiter-Regimenter 1 und 2 hingegen bildeten mit der Radfahrer-Abteilung 1, der Reitenden Artillerie-Abteilung 1 und weiteren Truppenteilen die 1. Kavallerie-Brigade in Insterburg/Ostpreußen. Diese Brigade war somit der einzige **Heereskavallerie-Verband** der Deutschen Wehrmacht.

Trageweise des l.MG. in der Reitergruppe

Gliederung und Stärken eines Reiter-Rgts.

Truppenteil	Offiziere	Unteroffiziere	Gefreite	Mannschaften	Pferde	Pferde gesamt
Reiter-Regiment 1						
Stab R.R. 1	12 + 2 darin 3 Vet.-Offiziere u. 5 Beamte	18 + 1	18	12	29 R, 4 Re	33
Stabsschwadron R.R. 1	2	14 + 1	4	11	—	—
Nachrichtenzug R.R. 1	1	9	11	27	20 R, 3 Re, 4 Z	27
1. Schwadron R.R.1	5	41 + 1	45	106	176 R, 17 Re	193
2. Schwadron R.R. 1	5	41 + 1	45	106	176 R, 17 Re	193
3. Schwadron R.R. 1	5	41 + 1	45	106	176 R, 17 Re	193
4. Schwadron R.R. 1	5	41 + 1	45	106	176 R, 17 Re	193
5. Schwadron R.R. 1	5	41 + 1	43	99	140 R, 14 Re	154
Trompeterkorps R.R. 1	1	21	3	3	29 R, 3 Re	32
gesamt:	41 + 2	267 + 7	259	576	922 R, 4 Z, 92 Re	1 018

1 152 Soldaten — 1 018 Pferde

Zu Spalte 2 und 3: + 2 = 2 Sanitäts-Offiziere bzw. 1 Sanitäts-Unteroffizier
Zu Spalte 6: R = Reitpferd, Re = Remonte, Z = Zugpferd

Zum Vergleich: Sollstärke nach Mobilmachung	Offiziere	Unteroffiziere	Gefreite und Mannschaften	Pferde
	41	204	1195	
		1 440 Soldaten		1421

Die Infanterie-Reiterzüge

Im Rahmen des Heeresneuaufbaues wurden zwei weitere kavalleristische Neuerungen eingeführt. Es waren dies die Reiterzüge der Infanterie und die Wehrkreis-Remonte-Schulen. Jedes aktive Infanterie-Regiment sollte ab 1935 für Aufgaben der Aufklärung und Sicherung einen Infanterie-Reiterzug erhalten. Der Zug war 32 Mann und 33 Pferde stark. Wenngleich für diese Neuaufstellung ebenfalls Einheiten der berittenen Landespolizei herangezogen wurden, so kam doch der größte Teil der Führer und Unterführer, aber auch geschlossene Züge, von der Kavallerie.

Die Ausbildung und Verwendung dieser Züge erfolgte im wesentlichen nach den Grundsätzen der auch für die Kavallerie gültigen Vorschriften. Dem Inspekteur der Kavallerie oblag die fachliche Dienstaufsicht.

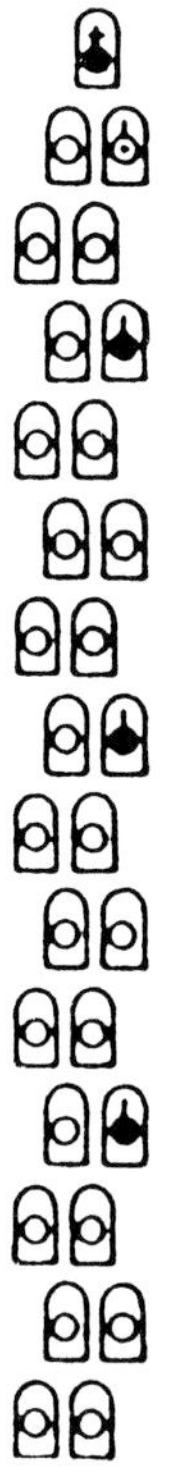

Infanterie-Reiterzug in Marschordnung (ohne Gefechtstroß). Gefechtstroß: 1 Hf. 1, zweispännig, 2 Mann, 1 Radfahrer

Die Wehrkreis-Reit- und Fahrschulen

In der Reichswehr gab es eine Kavallerie-Schule, die auch von der Wehrmacht weitergeführt wurde. Ihr Standort war Hannover. Sie diente vorrangig der Ausbildung des Offiziernachwuchses und der Heranbildung von Reit- und Fahrlehrern. Daneben wurde der Reitsport in allen seinen Sparten gepflegt.

Um die Infanterie aber auch anderen Waffengattungen, die über berittene oder bespannte Einheiten verfügten von der Ausbildung der Reit- und Zugpferde zu entlasten, wurden sogenannte **Wehrkreis-Remonte-Schulen** errichtet. Die erste Schule dieser Art entstand bereits 1933 in Soltau (Wehrkreis X). Im Jahr 1938 verfügten alle bisherigen 13 Wehrkreise über eine derartige Ausbildungseinrichtung. Die Schulen waren 1937 in »**Wehrkreis-Reit- und Fahrschulen**« umbenannt worden, da der Ausbildungsumfang um Reit- und Fahrlehrgänge für Offiziere, Reserveoffiziere und Unteroffiziere erweitert worden war. Das Fachpersonal für diese neue Ausbildungsorganisation stellte überwiegend die Kavallerie, wobei auch hier zahlreiche ehemalige Offiziere der alten Armee wieder eingestellt wurden. Während des Krieges machten weibliche Bereiter einen erheblichen Teil des Unteroffizierkorps dieser Schulen für Frontverwendungen frei.

Durch die Einrichtung dieser Schulen, die bis 1945 bestanden, erhielten Infanterie, Nachrichtentruppe, Pioniere, Sanitätstruppe und z.T. die Nachschubtruppen, einen großen Teil ihrer Reit- und Zugpferde in vollausgebildetem Zustand. Lediglich die Kavallerie und Artillerie bildeten ihre Remonten in den Ersatz-Abteilungen selbst aus.

Die 1. (Ostpr.) Kavallerie-Brigade, später 1. Kavallerie-Division

Der größte Teil der deutschen Kavallerie war im Frieden in 13 Kavallerie-Regimenter gegliedert, welche bei Mobilmachung den Infanterie-Divisionen die vorgesehenen Aufklärungs-Abteilungen **(Truppenkavallerie)** zuzuführen hatten.
In Ostpreußen dagegen verfügte das Heer über eine Kavallerie-Brigade, die als Versuchstruppe die Frage beantworten sollte, ob berittene **Heereskavallerie** in einem modernen Krieg noch zu verwenden sei.
Die Friedensgliederung dieser Brigade umfaßte folgende Verbände:
Reiter-Regiment 1, Insterburg
Reiter-Regiment 2, Angerburg
Radfahrer-Abteilung 1, Tilsit
Reitende Artillerie-Abteilung 1, Insterburg
Kavallerie-Regiment 4, Allenstein und Osterode
Aufklärungs-Abteilung (mot.) 1, Königsberg
Damit waren, überwiegend aus organisatorischen Gründen, andererseits, um eine einheitliche Ausbildung sicherzustellen, alle Kavallerie-Verbände im Wehrkreis I in einer Brigade zusammengefaßt worden.
Bei Mobilmachung dagegen, sollte die 1. Kavallerie-Brigade eine Kriegsgliederung einnehmen, die erheblich von der Friedensgliederung abwich:

Brigadekommando
- mit Kradmeldezug

Reiter-Regiment 1
- mit Nachrichtenzug (tmot.)
- 4 Reiterschwadronen
  - (je 9 l.MG., 4 s.MG.)
- 1 schwere Schwadron
  - (4 Kav.Gesch., 6 s.Gr.W.)
- 1 Stabsschwadron mit
  - Panzer-Spähzug (3 Pz.-Spähwagen)
  - Panzerabwehrzug (3 Pak 3,7 cm)
  - Pionierzug (3 l.MG.)

Reiter-Regiment 2 (gegliedert wie 1)

Radfahrer-Abteilung mit
- Nachrichtenzug (mot.)
- 3 Radf.-Schwadronen
  - (je 9 l.MG., 4 s.MG., 3 l.Gr.W.)
- 1 schwere Schwadron mit
  - 1 Panzerabwehrzug (3 Pak 3,7 cm)
  - 2 Kav.-Geschützzüge
  - (je 2 Kav.-Gesch.)
  - 1 Granatwerferzug (6 s.Gr.W.)

Reitende Artillerie-Abteilung mit
- Stabsbatterie
- 3 reitende Batterien (je 4 Kan. 7,5 cm)

Panzerabwehr-Kompanie (mot.Z.) mit
- 12 Pak 3,7 cm

MG-Kompanie (mot.Z.) mit
- 12 Flak 2 cm

Pionier-Kompanie

Nachrichten-Kompanie

Nachschubdienste mit
- Stab Brigadenachschubführer
- 2 kl. Kraftfahr-Kolonnen (30 t.)
- 2 Fahr-Kolonnen
- 1 kl. Kraftfahr-Kolonne f. Betriebstoff
- 1 Werkstattzug
- 1 Nachschubzug

Verwaltungsdienste mit
- San-Kompanie (mot.)
- Krankenkraftwagenzug
- Veterinärkompanie

Mit dieser Gliederung hätte die Kavallerie-Brigade eine Stärke von
6.684 Mann
4.552 Pferden
409 bespannten Fahrzeugen
427 PKW / LKW
318 Krädern (davon 153 m. Beiwagen) u.
6 Panzerspähwagen
erreicht. Die Brigade wäre mit ihrer für die damalige Zeit modernen Ausstattung an schweren Waffen und Fernmeldemitteln ein in jedem Gelände beweglicher und kampfkräftiger Großverband gewesen. Jedoch wurde bei Beginn des Polenfeldzuges 1939 die geplante Gliederung nicht erreicht.
So wurden die vorgesehene Panzerabwehr-Kompanie, die Maschinengewehrkompanie (2 cm), und die Nachrichten-Kompanie gar nicht zugeführt, die Reitende Artillerie-Abteilung verfügte nur über 2 schießende Batterien und die Nachschub-/Ver-

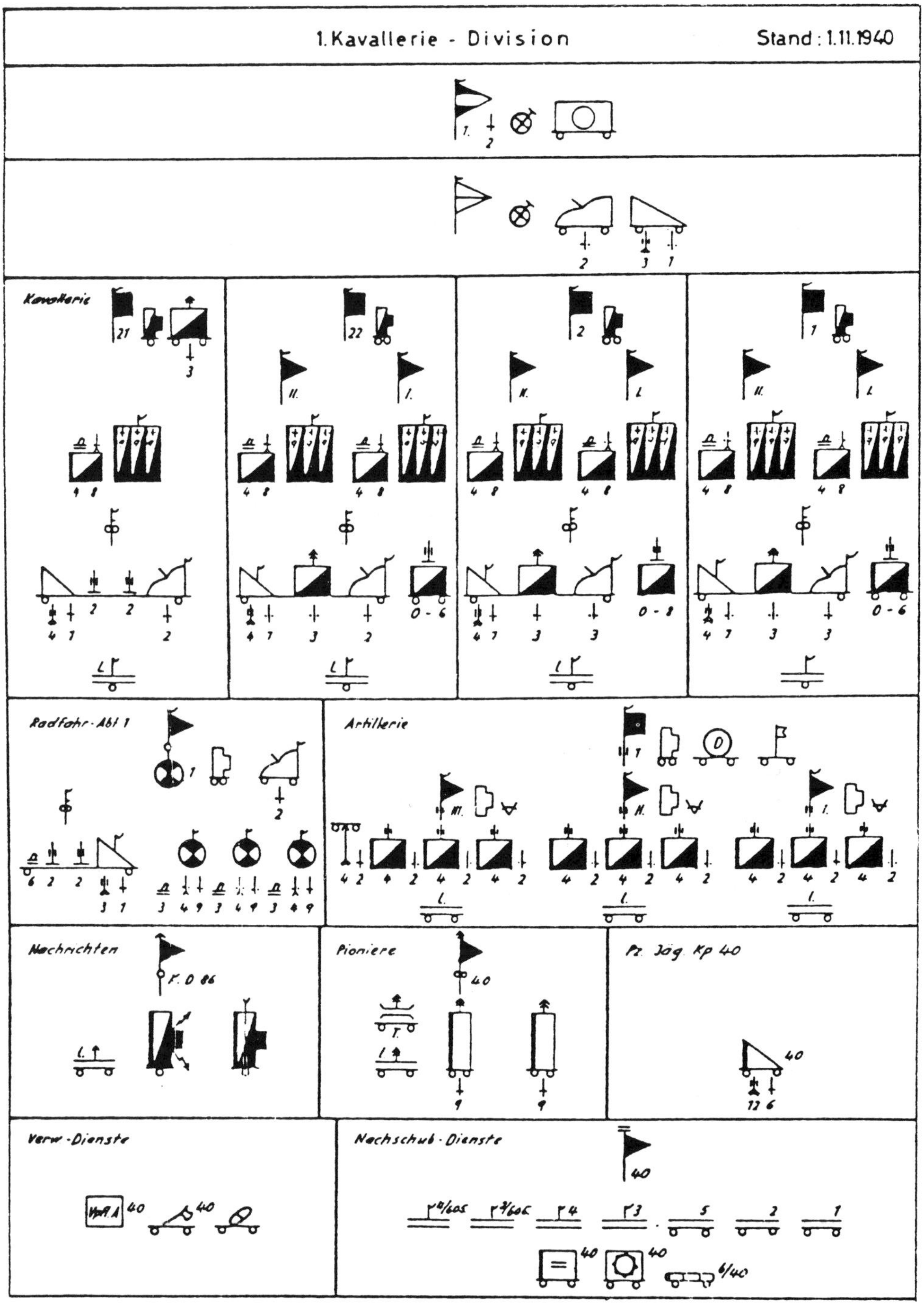
1. Kavallerie - Division
Stand: 1.11.1940
Kavallerie
Radfahr-Abt 1
Artillerie
Nachrichten
Pioniere
Pz. Jäg. Kp 40
Verw.-Dienste
Nachschub-Dienste

sorgungsdienste waren gekürzt worden. Trotz dieser erheblichen Verminderung der Kampfkraft bewährte sich die Brigade während des Polenfeldzuges in einer Weise, die bereits am 25. Oktober 1939 zur Bildung der 1. Kavallerie-Division führte, wofür allerdings 11 Aufklärungs-Abteilungen ihre Reiterschwadron abgeben mußten.

Die Kavallerie-Division kämpfte während des Westfeldzuges 1940 in Holland, Belgien und Frankreich.

Im Spätsommer 1940 wurde sie nach Polen in das sogenannte Generalgouvernement verlegt, wo sie bis zum Beginn des Rußlandfeldzuges im Juni 1941 verblieb.

Für den Angriff im Osten wurde die Kavallerie-Division der Panzergruppe 2 (Guderian) unterstellt. Zwar gelang es der Division, das Angriffstempo der gepanzerten Truppen mitzuhalten, jedoch zeigte sich, daß die 17.000 Kavallerie-Pferde während dieser Operation zeitweilig nicht annähernd ausreichend versorgt werden konnten. Darunter litt dann zwangsläufig die Kampfkraft dieses Großverbandes. Auf eigenen Antrag wurde die Division im Winter 1941/42 in die 24. Panzer-Division umgerüstet. Damit hatte die Heereskavallerie vorerst aufgehört zu bestehen.

Im Jahr 1942 verfügte das Heer ausschließlich über Truppenkavallerie in Form von Divisions-Aufklärungs-Abteilungen (Div.A.A.tmot.), wobei diese vielfach keine Reiterschwadron mehr besaßen.

Die 17.000 Pferde der ehemaligen 1. Kav.-Division, die in langen Friedensjahren unter großem Kosten- und Zeitaufwand sorgfältig für einen bestimmten Zweck ausgebildet worden waren, wurden anläßlich der Umrüstung den Abholkommandos von Infanterie-Divisionen und fremdländischen Ostreiter-Schwadronen übergeben, was zu großen Teilen einer Verschleuderung gleichkam.

Bekleidung und Ausstattung

Wie schon das Reichsheer von 1920 -1934, so trug auch das Heer der Wehrmacht eine Einheitsuniform in Feldgrau. Lediglich die 1934 / 35 entstehende Panzertruppe erhielt abweichend davon einen Feldanzug von schwarzer Grundfarbe.

Die feldgraue Einheitsuniform wich bei der Kavallerie sowie bei den Berittenen anderer Waffengattungen jedoch erheblich von der des Infanteristen ab. Während bis zur Einführung des Stahlhelm 35 allgemein der Stahlhelm M 18 getragen wurde, trug die Kavallerie den »Stahlhelm mit Ohrenausschnitten«, der deshalb auch »Kavalleriehelm« genannt wurde. Statt der benagelten Marschstiefel (Knobelbecher) trugen alle Berittenen Reitstiefel. Diese hatten einen 8 - 12 cm längeren Schaft, waren im Leder etwas weicher und schlanker gearbeitet, um am Sattel besser anzuliegen. Außerdem mußten die Stiefelspitzen leicht in die Steigbügel gehen. Die Sohlen der Reitstiefel waren, im Gegensatz zu den Marschstiefeln, im allgemeinen nicht benagelt. Nach Abschluß der Reitausbildung trugen alle Berittenen Anschnallsporen. Zu den Reitstiefeln gehörte eine Reithose aus steingrauem Tuch mit Lederbesatz. Der Besatz aus Kalbs-, Wild- oder Bockleder bedeckte die untere Hälfte des Gesäßes, den Schrittteil und die innere Seite der Beine bis unterhalb des Knies. Während des Krieges gefertigte Reithosen erhielten anstelle des Lederbesatzes, aus Mangel an entsprechendem Material, häufig einen Besatz aus Uniformtuch.

Die Berittenen besaßen keinen Tornister oder Rucksack. Abgesessen trugen sie das sogenannte »Reitergepäck« (= die rechte Packtasche 34) mit darum gelegter Zeltbahn oder dem gerollten Mantel und aufgeschnalltem Kochgeschirr. Die rechte Packtasche 34 war auf der Rückseite mit Trageriemen versehen, so daß sie, wie das spätere Sturmgepäck der Infanterie, auf dem Rücken getragen werden konnte. Bei

den 1940 eingeführten Packtaschen neuer Art, wurde das Reitergepäck auf dem Rücken in das Koppeltragegestell für Kavallerie eingehakt.
Im übrigen war die Zeltbahn der einzige Nässeschutz, der Mantel sowie ein wollener Kopfschützer der einzige Kälteschutz bis zum Winter 1941/42. Daraus folgt, daß das Heer auf einen Winterfeldzug nicht vorbereitet war.
Zum Dienst- und Ausgehanzug führten alle Berittenen statt des Seitengewehrs den Mannschaftssäbel. Aufgesessen wurde der Säbel in einer ledernen Vorrichtung am Sattel hinten rechts angebracht, bei den Offizieren und Wachtmeistern hinten links.
Die Waffenfarbe der Wehrmachts-Kavallerie war, wie bereits in der Reichswehr seit 1920, goldgelb. Diese Farbe wurde auch von den Angehörigen der Kavallerie-Schule und der 13 Wehrkreis-Reit- und Fahrschulen getragen. Lediglich die Infanterie-Reiterzüge erhielten die weiße Waffenfarbe und wurden deshalb auch als »weiße Reiter« bezeichnet.

Als Besonderheit führten die 1. und 2. Schwadron des Kav.-Rgt. 5, die 2. und 4. Schwadron des Kav.-Rgt. 6 und die 4. Schwadron des Kav.-Rgt. 13 ein Erinnerungsabzeichen aus Metall an der Kopfbedeckung. Bei dem K.R. 5 war es der Totenkopf der beiden ehemaligen preußischen Leib-Husaren-Regimenter, bei dem K.R. 6 der Schwedter Adler des ehem. preußischen Dragoner-Regiment Nr. 2 und bei dem K.R. 13 der Totenkopf des ehem. braunschweigischen Husaren-Regiment Nr. 17. Während des Krieges wurden diese Erinnerungsabzeichen an der Feldmütze weiter, bzw. später wieder getragen.

Bewaffnung und Ausrüstung

Die Reiterschwadron hatte im Frieden eine Soll-Stärke von 5 Offizieren, 42 Unteroffizieren und 151 Mannschaften. Neben dem Säbel, den alle Reiter führten, trugen die Offiziere als Dienstwaffe die Pistole 08 (oder eine eigene Pistole), die Unteroffiziere in Führungsfunktionen ab 1939 die Maschinenpistole 38, später die MPi. 40. Alle anderen Unteroffiziere und die Mannschaften mit Ausnahme der MG.-Schützen, die ebenfalls mit der Pistole 08 ausgerüstet waren, führten den Karabiner 98 k. Jede der 9 Reitergruppen verfügte über ein l.MG. 34 mit Fliegerdreibein (ab 1940 nur 1 Dreibein pro Zug), die Schwadron über eine MG.-Staffel zu 2 s.MG. 34, später einen MG.-Zug zu 4 s.MG. 34 dazu eine Munitionsstaffel. Der Troß der Schwadron bestand aus einer Feldküche, einem großen Fahnenschmiedwagen und einem Gefechtswagen Hf. 1, bei Mobilmachung kamen eine Reihe weiterer bespannter Fahrzeuge und einzelne LKW hinzu. Jede Schwadron besaß darüberhinaus bereits im Frieden einen Kradmelder.

Vor Beginn des Rußlandfeldzuges wurden die Reiter- und Radfahrer-Schwadronen mit je zwei Panzerbüchsen 39 ausgestattet. Zur Gefechtsausrüstung der Schwadron gehörten als wesentliches Gerät:

20 Doppelferngläser (DF)
32 Meldekartentaschen
20 Marschkompasse
125 Spaten
23 Klapphacken
16 Drahtscheren
5 Stichsägen
10 Klauenbeile
4 Leuchtpistolen
4 Blinkgeräte
22 Sonnenbrillen
1 Trompete

Sämtliches Gerät wurde am Mann bzw. am Pferd mitgeführt.
Die Radfahrerschwadron hatte eine Friedensstärke von 195 Mann. Sie war teilmotorisiert. Die 3 Radf.-Züge waren mit dem schwarzlackierten Heeresfahrrad ausgestattet, später, nach den Ausfällen der ersten Feldzüge, durch in Holland, Belgien und Frankreich angekaufte Räder ergänzt.

Der Schwadronstrupp, die MG.-Staffel, die Granatwerfer (Kal. 5 cm) und der Troß waren auf geländegängigen Kraftfahrzeugen und Krädern, z. T. mit Beiwagen, beweglich gemacht.
Die Ausrüstung entsprach weitgehend der einer Reiterschwadron, die Uniformierung mehr der einer Infanteriekompanie.
Für Radfahrer gab es als Zusatzbekleidung einen »Umhang für Radfahrer«, der allerdings bei den Radfahrer-Schwadronen kaum getragen wurde, für Kradfahrer den »Kradmantel«, der sich großer Beliebtheit erfreute.
Zu den 9 l.MG. und 2 s.MG. kamen bei der Radfahrerschwadron noch 3 Granatwerfer (Kal. 5 cm) hinzu, die den Feuerkampf der Züge durch Steilfeuer unterstützen sollten.
Durch die in der Einheit verfügbaren Steilfeuerwaffen und die Tatsache, daß bei den Radfahrern im Gefecht keine Schützen als Pferdehalter ausfielen, wie es bei der Reiterschwadron zwangsläufig der Fall war, stellte die Radfahrerschwadron im Rahmen der Aufklärungs-Abteilung die eigentliche infanteristische Feuerkraft dieses Verbandes dar.

Die motorisierten Einheiten der Kavallerie entsprachen in Uniform und Ausrüstung den anderen mit Kraftfahrzeugen ausgestatteten Waffengattungen des Heeres. Mit Ausnahme der Panzerspähtrupps, die im übrigen keine schwarze Sonderbekleidung trugen, dienten die motorisierten Schwadronen im wesentlichen der Beweglichmachung schwerer Waffen, vorrangig der Panzerabwehrkanone (Kal. 3,7 cm) und des leichten Infanteriegeschützes 18 (l.IG. 18), welches bei einem Kaliber von 7,5 cm Steil- und Flachfeuer schießen konnte. Diese Waffe wurde bei den Reitern als »Kavalleriegeschütz« bezeichnet.

Die Ausbildung der Kavallerie

Bei der Reichswehr stand, ähnlich wie bei der alten Armee, die Reitausbildung im Mittelpunkt des täglichen Dienstes. Da Mannschaften und Unteroffiziere 12 Jahre dienten, konnte der Reitausbildung außerordentlich viel Zeit gewidmet werden. Für die Ausbildung des einfachen Reiters wurden 3.000 Reitstunden zu Grunde gelegt.
Dies änderte sich schlagartig, als 1935 mit der Wiedergewinnung der Wehrhoheit auch die allgemeine Wehrpflicht eingeführt wurde. Diese betrug zunächst ein Jahr. Da die Kavallerie nur 10% Freiwillige einstellen durfte, mußten überwiegend Wehrpflichtige ausgebildet werden, die nur 12 Monate zur Verfügung standen.
Die Reitausbildung wurde auf durchschnittlich eine Stunde pro Tag verringert. Schwerpunkte wurden nun die Waffen- und Schießausbildung sowie der Gefechtsdienst. Trotz der besonderen Aufklärungs- und Spähaufgaben wurden an die Kavallerie in der Schieß- und Gefechtsausbildung die gleichen Anforderungen gestellt, die für die Infanterie galten.
Das Wesen des Kavalleriekampfes bestand aus dem Wechsel von schnellen, damals weiträumigen Bewegungen bei jedem Wetter, in jedem Gelände, und dem Kampf abgesessen nach den Einsatzgrundsätzen der Infanterie. Dazu mußte neben dem eigentlichen Gefechtsdienst der Marsch zu Pferde immer wieder geübt werden. Tagesleistungen von 50 bis 100 km, auch über mehrere Tage, galten als Norm, wobei zu berücksichtigen ist, daß der schwächste Reiter das Tempo der ganzen Einheit bestimmte, und die Pferde dabei ein Gewicht (= Reiter, Ausrüstung und Bewaffnung) von 2-2,5 Zentnern zu tragen hatten.
Derartige Leistungen konnten nur durch systematisches Training erreicht werden. Daß sie überhaupt möglich wurden, ist nicht zuletzt auf das qualitätvolle, sorgfältig ausgebildete Pferdematerial und die in großem Umfang vorhandenen Reitlehrer

zurückzuführen. Für beide Faktoren wurde der Grund in der stillen Arbeit der Reichswehr während der 15 Friedensjahre zwischen 1919 und 1934 gelegt.
Ein weiterer wichtiger Punkt kavalleristischer Ausbildung war das Überwinden von Gewässern mit, besonders aber ohne Unterstützung von Pionierkräften. Jedes Reiter- und Kavallerie-Regiment mußte im Frieden jährlich mindestens eine große Übersetz-Übung durchführen.
Die Reiter-Regimenter als Heereskavallerie verfügten in ihrer Stabsschwadron über einen Pionierzug (mot.), der u. a. mit großen und kleinen Floßsäcken, später als Schlauchboote bezeichnet, ausgestattet war.
Kavallerie-Regimenter hingegen besaßen Pionierkräfte nur in Zweitfunktion. Die Reiterschwadronen der Div.Aufkl.-Abteilungen mußten daher Gewässer zumeist durchfurten oder durchschwimmen. Für die Radf.- und die schwere Schwadron waren in der Gerätestaffel der Abteilung 2 große und 2 kleine Floßsäcke vorhanden. Darüberhinaus war die Aufkl.-Abteilung auf das Pionierbataillon ihrer Division angewiesen.
Besonders ausgeprägt war bei der Kavallerie die Erziehung zur Schnelligkeit im Denken und Handeln. Ein typisches Beispiel dafür ist der »Sattelbefehl«, der als Begriff an die gepanzerten Truppen weitergegeben und noch verwendet wurde, als es keine Reiter mehr gab.
Die Ausbildung der Radf.-Schwadron entsprach weitgehend der einer Infanteriekompanie. Das Radfahren an sich mußte nicht erst erlernt werden, und das richtige taktische Verhalten mit Fahrrädern im Rahmen der Einheit oder Teileinheit erforderte bei weitem nicht den Zeitaufwand, wie Vergleichbares in der Reiterschwadron. Allerdings wurden auch die Radfahrer zu Spähtruppaufgaben herangezogen, wodurch sich hier ein weiterer Ausbildungsschwerpunkt ergab.
Die Radfahrspähtrupps konnten bei guten Wegen praktisch geräuschlos größere Entfernungen schneller als Reiter überwinden. Bei einem ausgebauten Straßen- und Wegenetz waren sie jenen häufig zeitlich überlegen.
Die Div.Aufkl.-Abteilungen späterer Aufstellungswellen erhielten an Stelle der Reiterschwadron eine weitere Radf.-Schwadron. Einige Divisionen mußten sich schließlich mit einer verstärkten Radf.-Schwadron als Aufklärungsorgan zufrieden geben. Das geschah jedoch ausschließlich, weil keine ausgebildeten Reiter mehr zur Verfügung standen. Insgesamt gesehen bewährten sich die Radfahrer während des Westfeldzuges recht gut. In Ost- und Südosteuropa wurden die Gelände- und Straßenverhältnisse spätestens mit Anbruch der Schlammperiode zu einer schweren Belastungsprobe, die ihnen letztendlich ihre Beweglichkeit nahm.

Bei den schweren Schwadronen bestimmte die Technik den Dienstablauf und damit auch die Ausbildungsschwerpunkte. Die bewegliche Kampfführung der Reiter und Radfahrer erforderte von den schweren Waffen des Eingehen auf deren Fechtweise, um ein enges Zusammenwirken zu gewährleisten. Erleichtert wurde das durch den Umstand, daß besonders in den Aufbaujahren viele Führer und Unterführer der schweren Schwadronen von den Reitern zu diesen hatten überwechseln müssen.
Eine gewisse Besonderheit stellten die Nachrichtenschwadronen und -Züge dar. In ihnen mischten sich Reiter, bespannte Fahrzeuge und Kraftfahrzeuge, was Organisation und Führung nicht gerade erleichterte. Die Ausbildung der Funker und Fernsprecher war von der Sache her selbstverständlich identisch mit der bei anderen Waffengattungen.
Die der Reiterschwadron einer Aufkl.-Abteilung gestellten Aufgaben führten jedoch zu der Notwendigkeit, einen Teil der Funker mit einer gediegenen Reitausbildung zu versehen. Ursprünglich waren die Nachrichtenzüge der Reiter-Rgtr. mit bespannten Nachrichten-Gerätwagen ausgerüstet, auf denen sowohl das Funk- als auch das Fernsprechgerät befördert wurde. Im Zuge der Teilmotorisierung der Kavallerie, ins-

besondere der Zuweisung von Panzerspähfahrzeugen, wurde auch ein Teil der Nachrichtenmittel motorisiert. Für den Späh- und Aufklärungsdienst der Reiter waren aber sowohl die Nachrichten-Gerätwagen als auch Kraftfahrzeuge wenig geeignet. Es mußten daher berittene Funk- und Fernsprechtrupps aufgestellt werden, wobei erstere den Reiterspähtrupps für den Einsatz beigegeben werden konnten.

Bei der 1. Kav.-Division, die als Heereskavallerie überwiegend andere Aufgaben als die Truppenkavallerie zu erfüllen hatte, blieben die sechsspännig gezogenen Nachrichten-Gerätwagen bis zur Umrüstung dieses Großverbandes Bestandteil der Ausrüstung.

Wie sich die Kavallerie selbst sah, zeigt die interessante zeitgenössische Darstellung aus dem Jahr 1939:

Die Vielseitigkeit der Kavallerie

Von Leutnant Elert im Kavallerieregiment 17

Die Entwicklung der Waffentechnik hat der Kavallerie ein neues Gesicht gegeben. Die attackereitenden Reitermassen sind vom heutigen Gefechtsfeld verschwunden. Um so höhere Anforderungen werden an die Kavallerie als Aufklärungs- und Kampftruppe gestellt. Um jeder Lage gewachsen zu sein, sind der Kavallerie schnelle, bewegliche Teile und schwere Waffen gegeben worden. Wie keine andere Waffengattung umfaßt die Kavallerie heute alle Arten der militärischen Verwendung. Neben die Reiterschwadronen sind Radfahr- und motorisierte Schwadronen getreten.

Manch einer kann sich mit dem Pferd nicht anfreunden. Insbesondere der Städter kann oft, im Gegensatz zum Bauernsohn, nicht mehr das Verständnis und die Liebe zum Pferd aufbringen, die Umgang mit diesem von Jugend auf hervorrufen. Die nämlichen Aufgaben wie der Reiter hat, mit gewissen Einschränkungen, der Kavallerieradfahrer. Auf Straßen und Wegen, und seien sie noch so schmal, pirschen sich die Radfahrspähtrupps an den Feind heran. Kein Geräusch verrät sie. Sie sind völlig unabhängig von Hafer und Benzin. Solange die eigene Kraft reicht, kommt der Radfahrer vorwärts.

Aber nicht immer geht die Aufklärung reibungslos vonstatten. Der Gegner verhindert mit allen Mitteln den Einblick in seine Karten. Wenn die Kraft des Spähtrupps versagt, ist in kürzester Zeit die aufs Rad gesetzte Infanterie herangebracht. „Absitzen zum Kampf" befiehlt der Führer. Die Räder verschwinden im Straßengraben, die Kavallerieschützen gehen unter dem Schutz ihrer eigenen leichten und schweren Maschinengewehre gegen den Gegner vor und beseitigen den Widerstand. Ein Pfiff, ein Zeichen des Führers, und die Radfahrer setzen dem zurückweichenden Gegner nach, um ihn nicht wieder zur Ruhe kommen zu lassen. Aufgelaufene Füße und durchgeriebene Schultern kennt weder der Reiter noch der Radfahrer. Und kommt der Radfahrer abends ins Quartier, dann stellt er seinen „Esel" in die Scheune und ist fertig. Er ist nicht am Ende seiner Kräfte wie der Infanterist und braucht auch nicht für Futter und Putz seines Pferdes zu sorgen. Wenn der Rekrut bei den Radfahrschwadronen einrückt, braucht er nicht reiten und nicht kraftfahren zu lernen. Radfahren kann er seit den ersten Schuljahren. Die ganze Ausbildung wird auf die Erziehung zum Soldaten konzentriert. Er lernt den Umgang mit der Waffe, mit dem Gewehr, mit der Pistole, dem leichten und schweren Maschinengewehr und dem Granatwerfer. Er lernt das Verhalten im Gelände und den Späh- und Aufklärungsdienst des Kavalleristen.

Bei der II. Abteilung der Kavallerieregimenter finden aber auch die Freunde des Motors und die Artilleristen das, was sie sich wünschen. Die motorisierten Schwadronen werden gebildet aus Panzerspäh-, Panzerabwehr- und Kavalleriegeschützzügen. Stark gepanzert, mit schweren Motoren und Waffen ausgerüstet, fahren die Panzerspähtrupps weit hinein in Feindesland. Ihre Aufgabe ist die Fernaufklärung: wo ist überhaupt der Feind, wo zieht er größere Truppen zusammen, was hat er für Absichten? Die Auklärung im Panzerspähwagen erfordert ganze Kerle. Noch weit mehr als der Reiter und Radfahrer muß der Mann im Panzerspähwagen klaren Kopf und das Herz auf dem rechten Fleck haben. Hinter jeder Wegebiegung, in jedem Waldstück kann der Feind auftauchen. Der Schutz des Panzerspähmannes sind der eigene scharfe Verstand und seine Entschlußfähigkeit, die Schnelligkeit seines Wagens und nicht zuletzt sein Panzer. Versperrt ihm der Feind den Weg, dann gebraucht er seine Waffen und die Geschwindigkeit seines Motors. Ehe der Feind zum Schuß kommt, ist der Panzer durch. Ist der Panzerspähtrupp auf eine feindliche Sperre gelaufen, dann wirft er Nebelkerzen ab, die den Gegner blenden und dem Panzerspähwagen das Loslösen erleichtern. Der Kradfahrer und der Funker sind die unentbehrlichen Gehilfen des Panzerspähtruppführers. Wer für das Nachrichtenwesen Interesse hat, kann die Spannung des Panzerspähers mit der Technik des Funkers verbinden und wird Funker im Panzerspähzug. Der Kradsportler kann seine Fähigkeit und Unerschrockenheit im rücksichtslosen Fahren auf Meldefahrt zeigen. Kommt aus irgendwelchen Gründen die Funkmeldung nicht durch, oder ist der Funkpanzer kampfunfähig geworden, dann hat der Meldefahrer sein Letztes herzugeben.

Der Jäger dient seiner Leidenschaft beim Panzerabwehrzug. Verschwunden von der Oberfläche, getarnt im Straßengraben hinter einem Busch oder einem Zaun verborgen, liegt der Abwehrmann hinter seinem Geschütz auf der Lauer. Seine Geduld und Ausdauer wird oft auf eine harte Probe gestellt. Stundenlang rührt sich nichts, bis plötzlich der Gegner da ist, wie aus dem Boden gewachsen. Wochenlange Ausbildung im Richten in Bruchteilen von Sekunden, Sicherheit im Bedienen des Geschützes finden dann ihre Bewährung. Der erste Schuß muß sitzen, und sind es mehrere feindliche Fahrzeuge, muß jeder folgende Schuß mit der gleichen Genauigkeit treffen. Nur wenige Sekunden dauert der Kampf des Panzerabwehrschützen. Aber in dieser kurzen Zeit zeigen sich der Stand der Ausbildung und die Zusammenarbeit der Bedienung. Wie der Jäger hinter dem flüchtenden Wild, so ist der Panzerabwehrschütze hinter dem rasenden Panzer hinterher.

Schließlich bleibt noch die Artillerie der Kavallerieregimenter. Ist es den Maschinengewehren der Reiter- und Radfahrschwadronen nicht möglich, den Feind zu werfen, dann flitzen die schnellen Fahrzeuge mit den kleinen Geschützen vor. Während kurz hinter den vordersten Linien hinter einer Deckung die Geschütze in Feuerstellung gehen, werden von dem in vorderste Linie geeilten Zugtrupp die besonders gefährlichen Ziele nach Richtung und Entfernung vermessen. Ein kurzes Feuerkommando, und mit haarscharfer Genauigkeit liegen die Schüsse im Ziel. Durch Schießen auf kurze Entfernungen und Präzisionsarbeit des Geschützes haben die kleinen Kavalleriegeschütze eine Trefferwirkung wie kaum eine andere Waffe. Da lacht dem vor dem feindlichen Feuer festliegenden Reiter oder Fahrer das Herz: „Na, das schafft Linderung!"

Wie keine andere Waffe im deutschen Heer umfaßt die Kavallerie alle Waffentätigkeiten. Sie ist einmal in ihren Reiter- und Radfahrschwadronen und Panzerspähzügen Aufklärungs- und Kampftruppe. Zum andern sind Reiter und Radfahrer beweglich gemachte Infanterie. Setzt der Feind der Aufklärung stärkeren Widerstand entgegen, dann besitzt die Kavallerie die nötige Stoßkraft, um den Widerstand zu brechen. Schwere Maschinengewehrstaffeln und Kavalleriegeschützzüge machen dem Feind die Hölle heiß und zwingen ihn zur Räumung. Den eigenen Schutz vor feindlichen Panzerwagen übernimmt der Panzerabwehrzug. Keinem feindlichen Panzer wird es gelingen, in die eigenen Karten zu sehen, wenn ein Kavallerie-Panzerabwehrzug auf der Lauer liegt.

Die Reiterschwadron!

So vielseitig die Aufgaben einer Reiterschwadron sind, so bleibt der Leitsatz doch immer der gleiche: „Ran an den Feind!" Der vorwärtsstürmende Geist eines Seidlitz, eines Zieten, er lebt heute wie damals in der geländegängigsten Truppe unserer Wehrmacht. Liebe und Verständnis für das Pferd, dem treuesten Kameraden des Reitersmannes, muß natürlich gegeben sein, denn das Pferd allein setzt ihn in die Lage, überall hinzugelangen. Die Zeiten einer geschlossenen Reiterattacke sind freilich vorbei, wenn auch die Aufgaben grundsätzlich dieselben geblieben sind: aufklären und kämpfen. Aufklären heißt den Gegner aufspüren, feststellen, was der Feind macht, und sich dann an seine Fersen heften. Mut und Gewandtheit müssen von jedem Reiter verlangt werden, gleichgültig, ob er sich auf seinem Pferde allein durch Feindesland pirscht, wissend, daß vielleicht gerade von seiner

Meldung wichtige Führerentschlüsse abhängen, oder ob er sich im Rahmen eines Spähtrupps weit vor der eigenen Front befindet. Aber nicht in der Aufklärung allein liegt das Wesen der Reiterei. Der Feuerkampf wird ebenso gefordert. Mit Hilfe des Pferdes an den Feind zu gelangen, diesen anzugreifen und zu vernichten, wird gar oft Aufgabe einer Reiterschwadron sein. Hierbei unterscheidet sich die Kampfweise einer zum Gefecht zu Fuß abgesessenen Reitertruppe von derjenigen der Infanterie durch größere Wendigkeit; häufig wird sich die Reitertruppe ganz oder mit Teilen vom Feinde loslösen, um — wiederum die Pferdebeine ausnützend — denselben an einer anderen, günstigeren Stelle anzupacken.

Immer wieder tritt das Pferd in den Vordergrund des Kavalleriedienstes.

So sehen wir auch in der Friedensausbildung die Schulung im Gefechts- und Aufklärungsdienst Hand in Hand gehend mit dem Erlernen des Reitens und einer guten Pferdepflege. Vielseitig und damit abwechslungsreich gestaltet sich der Dienst vor allem im Sommerhalbjahr, in dem der einzelne Reiter Gelegenheit hat, bei den verschiedensten Übungen das im Winter Erlernte im größeren Verbande zu verwerten. Wird der Rahmen, in dem geübt wird, aber noch so groß, der Kavallerist wird immer wieder vor selbständige Aufgaben gestellt werden, die ein hohes Maß von Pflichtauffassung und Verantwortungsgefühl, von Mut und Gewandtheit erfordern. Ein Soldat, von echtem Reitergeist beseelt, wird im Ernstfalle seiner Truppe unschätzbare Dienste erweisen können.

1935 wurden die ersten Infanterie-Reiterzüge aufgestellt. Außer der weißen Waffenfarbe unterschieden sie sich von den Zügen der Kavallerie kaum. Im Bild der Reiterzug des Inf.-Rgt. 17, Braunschweig, nach dem Herbstmanöver des IX. Armeekorps 1936 bei Fritzlar.

Die Truppenkavallerie in der zweiten Kriegshälfte

Nachdem im Winter 1941/42 aus der 1. Kav.-Div. die 24. Pz.-Div. geworden war, gab es im deutschen Heer Kavallerie nur noch in Form der Div.-Aufkl.-Abteilungen. Mit 85 Abteilungen war das allerdings noch immer eine stattliche Anzahl. Ihren Divisionen waren die Aufkl.-Abteilungen auch dann noch eine große Hilfe, als der Vormarsch längst in Stellungskämpfe oder Rückzüge übergegangen war.
Da ihre Schwadronen zu einem großen Teil aus aktiven Friedensverbänden hervorgegangen waren, einen hohen Beweglichkeitsgrad besaßen und über einen angemessenen Anteil an schweren Waffen verfügten, wurden die »A.A.s« häufig dort eingesetzt, wo es brannte. Es bürgerte sich für sie der Begriff »Divisions-Feuerwehr« ein, gewissermaßen ein Ehrentitel. Natürlich nutzten sich die »A.A.s« bei diesen Einsätzen mehr und mehr ab, und der Zeitpunkt war nahe, zu welchem auch dieser Teil der Kavallerie hätte aufgehört zu existieren.

Durch die Errichtung der Kavallerie-Regimenter Mitte, Nord und Süd Anfang 1943 blieben die noch vorhandenen Reiterschwadronen erhalten, da sie zur Aufstellung dieser neuen Verbände herangezogen wurden.
Die Rest-A.A.s (ohne Reiterschwadron) erhielten die Bezeichnung »Divisions-Füsilier-Bataillon«. Sie wurden wieder aufgefüllt und verstärkten den Infanterie-Anteil ihrer Division. Zum Teil behielten sie trotz der Bezeichnung »Füsiliere« ihre Kavallerie-Tradition und damit die goldgelbe Waffenfarbe. Die 1. Schwadron, bzw. Kompanie sollte weiterhin mit Fahrrädern ausgestattet sein, um auch zu Aufklärungsaufgaben eingesetzt werden zu können. In dieser Form blieben sie von 1943 bis Kriegsende im Einsatz.
Der Vollständigkeit halber sei erwähnt, daß einzelne Aufkl.-Abteilungen, zumeist im Westen oder in Italien eingesetzt, ihre Bezeichnung und ihre Zusammensetzung behielten.

1 Abteilungsstab, beritten und motorisiert,

1. (Reiter-)Schwadron: Mannschaften beritten, Gliederung und Bewaffnung etwa wie die Reiter-Schwadron eines Reiter-Regimentes,

2. (Radfahrer-)Schwadron: Mannschaften auf Fahrrädern, Gliederung und Bewaffnung etwa wie die Radfahrer-Schwadron eines Kavallerie-Regimentes,

3. (schwere) Schwadron: motorisiert, bestehend aus:
   - 1 Panzerspähtrupp
   - 1 Kavallerie-Geschütz-Zug
   - 1 Panzer-Abwehr-Zug,

1 Nachrichtenzug: teils beritten, teils motorisiert, mit 1 Funkstaffel und 1 Fernsprechstaffel.

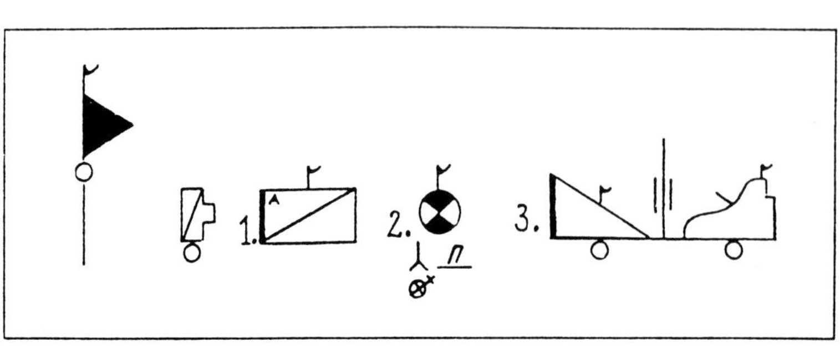

Die Aufklärungsorgane der unteren Führungsebene, die Infanterie-Reiterzüge, waren zwar in der zweiten Kriegshälfte von 3 auf 2 Reitergruppen verringert worden, hatten aber durch die Ausstattung mit Maschinengewehren und Maschinenpistolen bzw. Sturmgewehren eine höhere Kampfkraft erhalten, so daß sie ihren Regimentern auch als bewegliche Reserve zur Verfügung standen.

Die Wiedererrichtung der Heereskavallerie

Nach einigen wenig erfolgreich verlaufenen Versuchen im Jahr 1942, die im Osten noch vorhandene Kavallerie zu schlagkräftigen Verbänden zusammenzufassen, gelang das Anfang 1943 dem damaligen Rittmeister von Boeselager mit Hilfe des Oberbefehlshaber der Heeresgruppe Mitte, dem Generalfeldmarschall von Kluge.
Über den zunächst errichteten »Reiterverband Boeselager« entstanden in diesem Jahr drei Kavallerie-Regimenter, die jeweils einer der drei Heeresgruppen Nord, Mitte und Süd unterstellt wurden. Ihre Erfolge als bewegliche Eingreifreserve waren immerhin so beeindruckend, daß sie 1944 zu zwei Kavallerie-Brigaden umgegliedert wurden. Für sie wurde eigens das I. Kavallerie-Korps geschaffen, dem auch die 1. ungarische Kav.-Division unterstellt wurde. Das noch völlig unfertige Kavallerie-Korps hatte seine erste Bewährungsprobe im Juni 1944, anläßlich des Zusammenbruchs der Heeresgruppe Mitte innerhalb weniger Tage. Es trug wesentlich dazu bei, die entstandene, äußerst prekäre Lage noch einmal zu stabilisieren. Danach stand das Korps am Narew und später in Ostpreußen im Einsatz. Im Dezember 1944 wurde es nach Ungarn verlegt. Dort war es an der letzten deutschen Offensive beteiligt, die unter dem Decknamen »Frühlingserwachen« im März 1945 die Donaulinie wiedergewinnen sollte. Nach dem Scheitern dieser Offensive ging das Kavallerie-Korps kämpfend in Richtung Österreich zurück, wo es nach der Kapitulation, noch voll intakt, von den englischen Truppen interniert wurde. Im Eisenbahntransport nach Württemberg und Hessen verlegt, lösten die Amerikaner im Juni 1945 die letzten deutschen Reiterverbände auf. Die Mannschaften entließ man nach kurzer Zeit, die Offiziere folgten wenig später. Die Pferde waren zur weiteren Nutzung der Landwirtschaft übergeben worden.
Auch die Waffen-SS hatte aus ihrer seit 1941 bestehenden Kavallerie-Brigade im Jahr 1942 eine Division errichtet. Diese war gegenüber der ehemaligen 1. Kavallerie-Division (des Heeres) in stärkerem Maße mit Panzerabwehr- und Fliegerabwehrkräften ausgestattet. Nachdem sie über zwei Jahre ständig im Osten eingesetzt worden war, schaffte sie Anfang 1944 durch Abgaben die Voraussetzung zur Aufstellung einer weiteren SS-Kavallerie-Division.
Beide Divisionen gingen bis auf geringe Reste im Kessel der Festung Budapest am 11. Februar 1945 unter.
Bereits im März wurde aus den Resten der beiden in Budapest vernichteten Divisionen sowie ungarischen und rumänischen Hilfswilligen eine neue SS-Kavallerie-Division aufgestellt, die noch bis zur Kapitulation, wenngleich nicht geschlossen, nördlich von Wien im Einsatz stand.

Oberst von Pannwitz, der am 8. November 1942 formal zum Kommandeur aller im deutschen Heer stehenden Kosakenformationen ernannt worden war, verfolgte den Plan, aus diesen losen Verbänden eine Kavallerie-Division zu bilden. Erst als die eigentlichen Kosaken-Gebiete bereits verlorengegangen waren, wurde mit Wirkung vom 21. April 1943 die Aufstellung einer Kosaken-Kavallerie-Division in Mielau / Ostpreußen befohlen. Nach weniger als einem halben Jahr Ausbildung wurde diese 1. Kosaken-Division nach Jugoslawien verlegt, um dort gegen die Partisanen Titos eingesetzt zu werden. Zunächst nicht sehr erfolgreich, steigerten sich Kampfwert und Korpsgeist mehr und mehr, obwohl die Division auch im Jahr 1944 nicht als geschlossener Verband zum Einsatz kam. Nun wurden auch die im Westen eingesetzten Kosaken-Formationen nach Jugoslawien verlegt und Generalmajor von Pannwitz unterstellt. Dazu erhielt sein Verband weitere schwere Waffen. Die Größenordnung einer Division war längst überschritten. Aus der 1. Kos.-Kav.-Division entstand das XV. Kosaken-Kavallerie-Korps mit zwei Kav.-Divisionen und einer (Plastun-) Infanterie-Brigade. Von Pannwitz wurde am 1. 2. 1945 zum Kommandierenden General ernannt. Das Korps hatte im März 1945 den Auftrag:

1. Sicherung an der Drau nach Norden.
2. Offensive Kampfführung gegen die jugoslawische Volksarmee im Papukgebirge.

Gegen Ende des Krieges zog sich das XV. Kos.-Kav.-Korps fast vollständig in den bereits von den Engländern besetzten Teil Österreichs zurück, und kapitulierte dort. Doch den Kosaken und ihren Familienangehörigen sowie dem deutschen Rahmenpersonal gelang dadurch keine Rettung. Nach unredlichen Versprechungen seitens der Engländer setzte am 28. Mai 1945 die zwangsweise durchgeführte Auslieferung an die Sowjetunion ein. Während dort die einfachen Kosaken vergleichsweise milde mit 8 Jahren, das deutsche Rahmenpersonal mit 25 Jahren Zwangsarbeit bestraft wurden, verurteilte das Oberste Militärgericht der UdSSR den General von Pannwitz und eine unbekannte Zahl höherer Kosaken-Kommandeure zum Tode durch den Strang.

Historisch interessant erscheint abschließend die Tatsache, daß das Deutsche Reich während des II. Weltkrieges 7 Kavallerie-Divisionen im Einsatz hatte, mit der zur 24. Panzer-Division umgewandelten ehemaligen 1. Kav.-Division sogar 8 berittene Großverbände.

Im I. Weltkrieg, in dessen Verlauf die Motorisierung des Heeres noch keine bedeutende Rolle spielte, waren auf deutscher Seite lediglich 3 Kavallerie-Divisionen mehr verfügbar, also insgesamt 11.

Der Regimentsstander des 1943 an der Ostfront aus dem »Reiterverband Boeselager« entstandenen Kavallerie-Regiment-Mitte.

Die Reiterschwadron

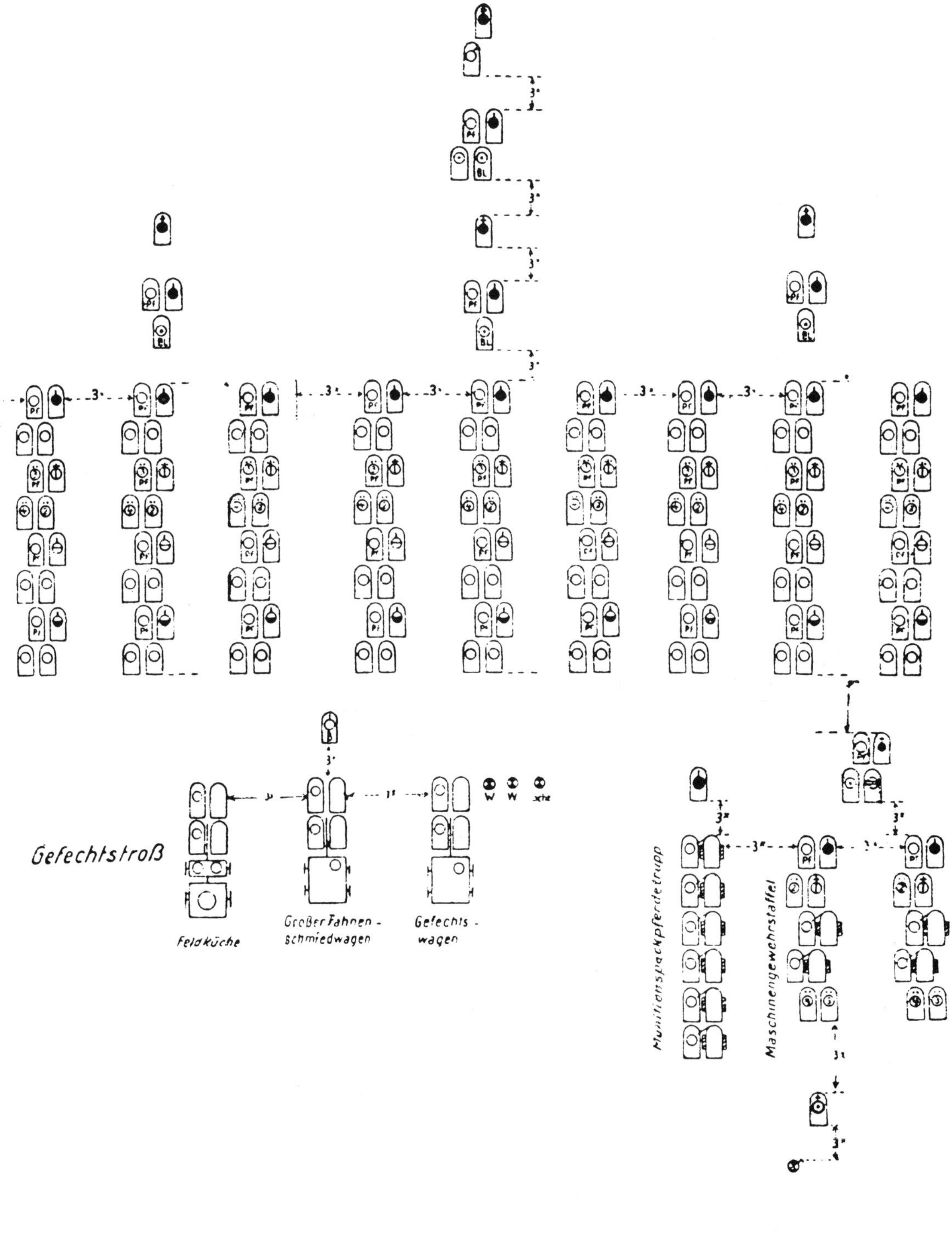

Die Radfahrerschwadron

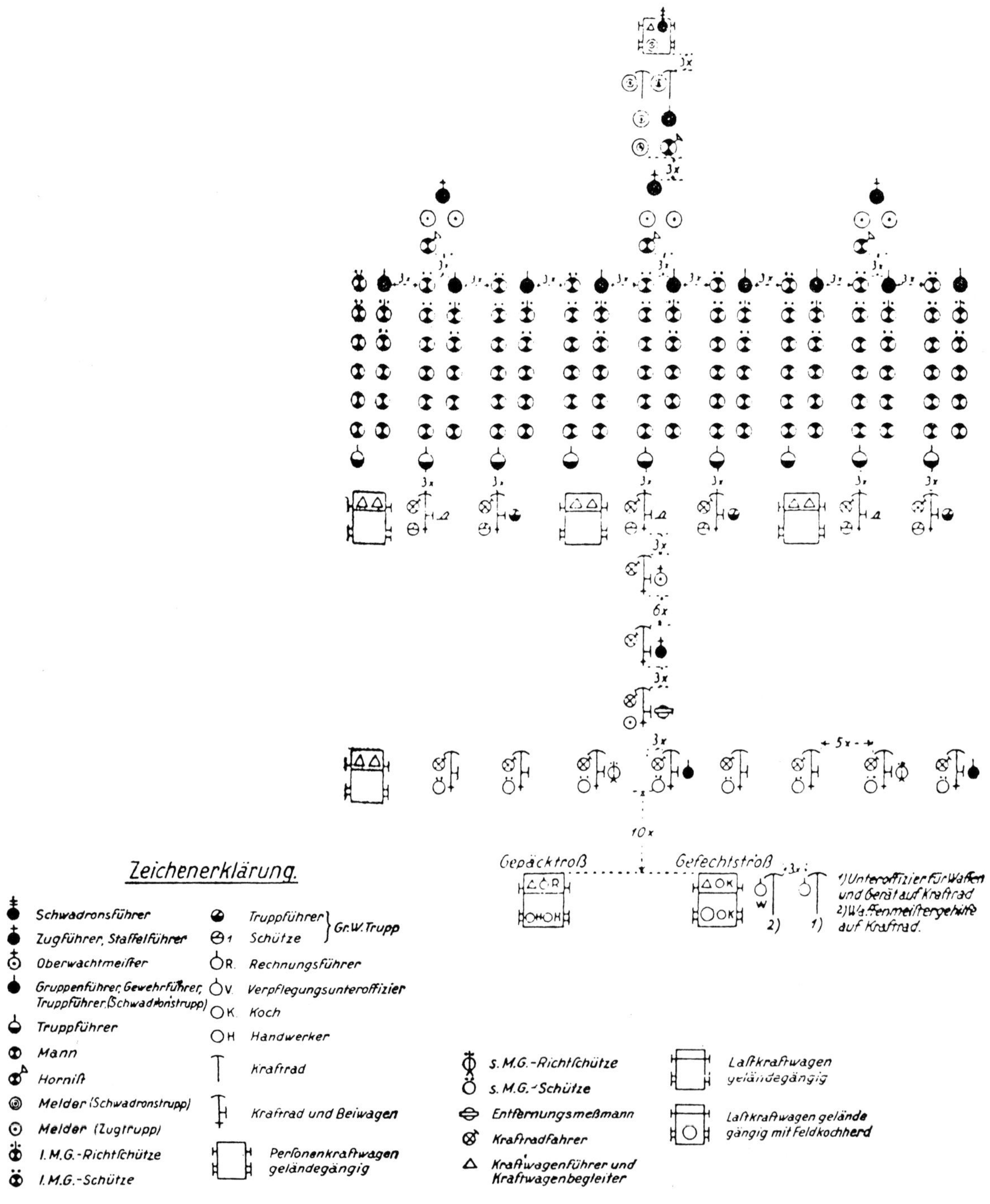

Bildteil

Zu den ständigen Übungen der Reiter gehörte der Marsch. Große Herbstübung des Gruppenkommando 2 mit dem V. und IX. Armeekorps 1936. Der Wachtmeister vorn trägt eine ererbte Seitenwaffe anstelle des dienstlichen Säbels, was unter bestimmten Voraussetzungen gestattet war.

Uniform und Ausrüstungsstücke

Rechts:
Offizier mit Kavalleriehelm. Durch diesen, dienstlich als »Stahlhelm mit Ohrenausschnitten« bezeichneten Helm, unterschieden sich die Reiter optisch von den anderen Waffengattungen. Der Helm wurde jedoch auch von Teilen der Artillerie und der Nachrichtentruppe getragen.

Unten:
Kavallerie-Regiment 5, Stolp / Pommern. Alle Reiter sind mit dem Stahlhelm mit Ohrenausschnitten ausgerüstet. Im Hintergrund ein Kasernenblock der ehemaligen »Blücher-Husaren«.

Herbstmanöver des VI. Armeekorps 1935 in der Lüneburger Heide. Parade des Reiter-, später Kavallerie-Rgt. 15, Paderborn, nach Beendigung der Übungen. Die Reiter tragen am Sattel hinten rechts den ledernen Tragebehälter für das Kochgeschirr.

Unten und rechts:
Charakteristisch für den Reiter waren die Reitstiefel mit Anschnallsporen.

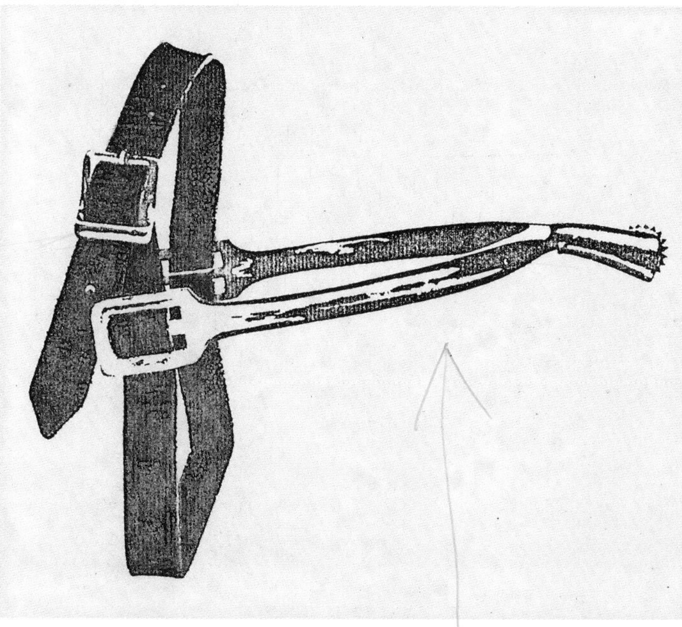

Rechts:
Zu den Reitstiefeln gehörte die Reithose mit Lederbesatz. Mannschaften trugen bei Arbeitsdiensten dazu die Drillichjacke.

Unten:
Der Lederbesatz der Reithose reichte vorn über die Knie. Reiter des Kavallerie-Rgt. 18, Cannstatt, beim Exerzieren der »Griffe mit langgemachten Gewehrriemen«, die nur mit dem Karabiner 98b und 98k ausgeführt wurden.

Der Mannschaftssäbel, eine Waffe, mit welcher ausschließlich Berittene ausgerüstet waren. Er wurde von den Karabinerschützen am Sattel hinten rechts in einer Säbeltasche mitgeführt.

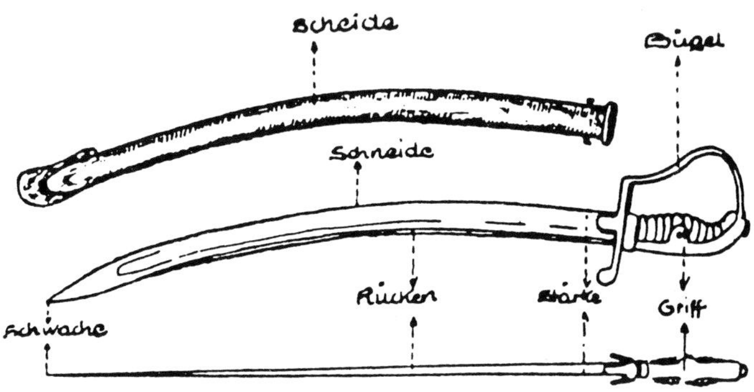

Oben:
Der Mannschaftssäbel von Reichswehr und Wehrmacht.

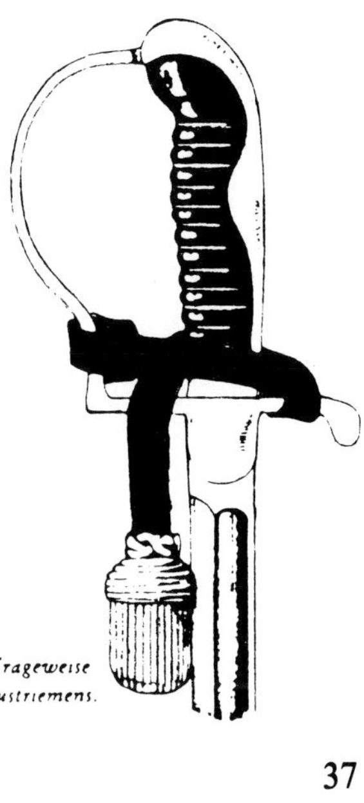

Rechts:
Trageweise des Faustriemens.

Gebrauch des Offiziersäbel während einer Parade. Der Schwadronchef erteilt ein Kommando.

Ausrüstung des Reiters bis 1940, hier allerdings ohne Packtaschen und Hintergepäck.

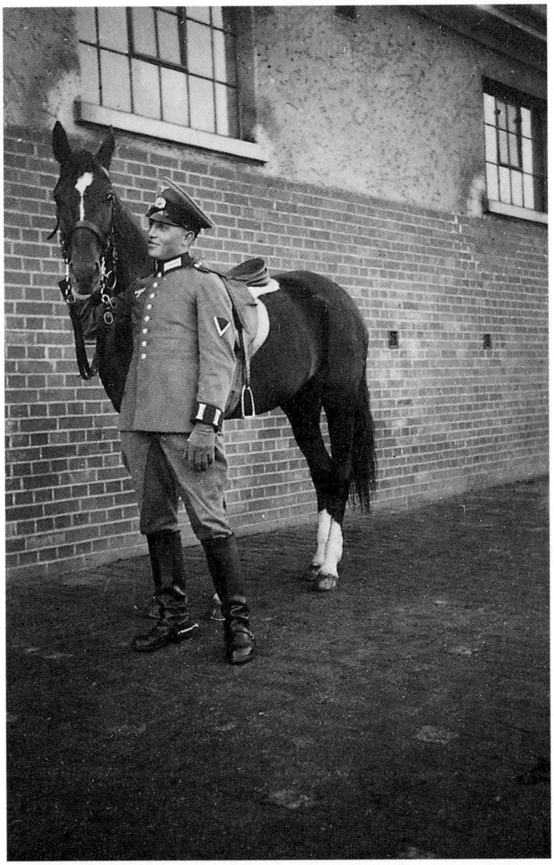

Links oben:
Der Säbel wurde auch zum Ausgehanzug getragen. Die taschenlosen Waffenröcke mit brandenburgischen Aufschlägen wurden mit Verf. v. 29.6.1935 eingeführt. Sie erhielten in der Soldatensprache bald Bezeichnungen wie: »Kaiser-Wilhelm-Gedächtnis-Rock« oder »Sarrasani«.

Oben:
Bis zur Ausgabe der Waffenröcke fand der Dienstrock auch als Ausgehanzug Verwendung. Vor dem 1.10.1936 trug der Gefreite zwei Winkel als Dienstgradabzeichen.

Links:
Der Extrarock diente jedoch nicht nur als Ausgehanzug. Er wurde bei besonderen Anlässen sowohl zu Pferde als auch bei Diensten zu Fuß getragen.

Reiter des Kavallerie-Regiment 6, Darmstadt, 1938 im Paradeanzug mit Karabiner 98k, Seitengewehr und Mannschaftssäbel, jedoch mit Unterlegedecke an Stelle des Woilach und ohne Packtaschen.

Kavallerie-Biwak 1938. Die Karabiner sind zu Pyramiden zusammengesetzt, davor ist die Pferdeausrüstung abgelegt. Rechts zwei Tränkeimer aus Bramtuch.

Ausrüstungs-Appell beim Kavallerie-Regiment 6, Darmstadt 1938.

Offiziere und Wachtmeister trugen den Säbel am Sattel links. Das weiße Mützenband weist die beiden Wachtmeister als Leitungspersonal / Schiedsrichter während einer Übung aus.

Die Pferdepflege nahm bei der deutschen Kavallerie breiten Raum ein. Manch ein Reiter fühlte sich mehr als Pferdepfleger denn als Soldat. Dabei war der Drillichanzug üblich.

Bei dieser Pferdepflege tragen die Mannschaften noch die Feldmütze des Reichsheeres, eine Klappmütze ähnlich der Schirmmütze, jedoch weich, so daß sie in die Tasche gesteckt werden konnte. Die Schirmmütze der Wachtmeister und Unteroffiziere weist noch die sogenannte »Tellerform« auf.

Stallwache beim Kavallerie-Regiment 5, Stolp / Pommern. Die Mannschaften tragen die 1934 eingeführte Feldmütze für Uffz. und Mannschaften, 1. Form, allerdings bereits mit Hoheitsabzeichen und dem Totenkopf der ehemaligen Danziger Leibhusaren.

Offizier-Lehrgang an der Kavallerie-Schule Krampnitz (bei Potsdam), Oktober 1939 bis Januar 1940. Die Lehrgangsteilnehmer tragen den Dienstanzug mit Säbel, der Aufsichtsoffizier den Mantel. Dieser Mantel aus feinerem Tuch und von hellerer, silbergrauer Farbe wurde als »eigener Mantel« von Offizieren des Reichsheeres getragen, mit einer Auftragefrist bis zum 31.3. 1938. Da er stark an den Mantel der alten Armee erinnerte, erhielt er die inoffizielle Bezeichnung »kaisertreuer Mantel«. Er blieb weit über die Auftragefrist hinaus beliebt und wurde, so lange das Tuch dafür vorhanden war, sogar neu angefertigt.
Im Hintergrund das sogenannte Adler-Portal der erst 1939 fertiggestellten Kasernen in Krampnitz.

Offiziere und Wachtmeister des Stabes einer Aufklärungs-Abteilung während des Frankreichfeldzuges 1940. Das Bild zeigt die unterschiedliche Farbgebung der Offiziermäntel.

Standarten-Schwadron des Kavallerie-Regiment 13, Lüneburg, am Heldengedenktag 1938. Die beiden Offiziere des Standartenkommando tragen den »kaisertreuen Mantel«, alle drei Offiziere die 1937 eingeführte Feldbinde.

Standartenkommando des Kavallerie-Regiment 6, Darmstadt, aufgesessen. Gut erkennbar das Bandolier des Standartenträger.

Ablegen des Fahneneides auf die Regiments-Standarte beim Kavallerie-Regiment 18, Cannstadt. Ende der 30er Jahre tragen diese Kavalleristen noch den Stahlhelm M 18. Der Mannschaftssäbel wird übergeschnallt an einer Aufschiebeschlaufe am Koppel getragen. Standartenträger mit Bandolier und Ringkragen.

Standarte

(Artillerie, Kavallerie, Nachr.-Truppe, sowie die Abteilungen bzw. Bataillone aller motorisierten oder bespannten Einheiten)

Generale und Offiziere trugen den Säbel »untergeschnallt« an einem schmalen Leibriemen und der äußerlich erkennbaren »besonderen Tragevorrichtung«.

Links:
Zur Uniform der Offiziere gehörte der Leibriemen und der Schulterriemen. Der Leibriemen wurde mit einer rechteckigen Zweidornschnalle geschlossen. Der Schulterriemen entfiel nach dem Polenfeldzug mit einer Verfügung vom 20.9.1939. Der rechte Offizier trägt das Adjutantenabzeichen in Form einer Fangschnur sowie die Feldmütze für Offiziere a./A. (ohne Kordel oder Sturmriemen und ohne Hoheitsabzeichen) jedoch mit dem »Schwedter Adler« des Kav.Rgt. 6, der linke Offizier die Schirmmütze mit der sogenannten »Sattelform«.

Rechts:
Die Feldmütze für Offiziere (a./A.) und die Feldmütze für Unteroffiziere / Mannschaften (rechts), 2. Form mit Soutache (einer flachen Baumwollschnur in der Waffenfarbe).

Generalfeldmarschall von Brauchitsch, der Oberbefehlshaber des Heeres, mit seinem Adjutanten bei einem Morgeritt. Gut zu erkennen, wie auch auf Seite 45 unten, die Reithosen für Generale mit hochroten Vorstössen und Besatzstreifen, die als »Lampassen« bezeichnet wurden.

Uniform der Rennreiter. Der Rennsport, der in der Wehrmacht wieder stärker gefördert wurde, machte die Einführung von verschiedenfarbigen, leichten Röcken, zwecks besserer Unterscheidung, erforderlich. An diesen Röcken wurden keine Schulterstücke oder Kragenpatten getragen, dagegen aber ein etwas kleineres Hoheitsabzeichen. Jedes Rennsport betreibende Regiment, bzw. auch einzelne Waffengattungen, Kommandobehörden und Schulen erhielten eine bestimmte Farbe zugeteilt (s. rechts). Insgesamt gab es im Heer 38 verschiedene Rennfarben.

Heeres-Reit- und Fahrschule	altgold
Reiter-Regiment 1	bast
Reiter-Regiment 2	wassergrün
Kavallerie-Regiment 3	weinrot
Kavallerie-Regiment 4	blau
Kavallerie-Regiment 5	schwarz
Kavallerie-Regiment 6	dunkelgrün
Kavallerie-Regiment 8	mittelbraun
Kavallerie-Regiment 9	kornblumenblau
Kavallerie-Regiment 10	helleder
Kavallerie-Regiment 11	erdbeerrot
Kavallerie-Regiment 13	zitronengelb
Kavallerie-Regiment 14	blaugrau
Kavallerie-Regiment 15	giftgrün
Kavallerie-Regiment 17	reseda
Kavallerie-Regiment 18	lind
Artillerie-Regiment 1	taubengrau
Artillerie-Regiment 4	erdgrau
Artillerie-Regiment 5	goldgelb
Artillerie-Regiment 7	blattgrün
Artillerie-Regiment 10	graubraun
Artillerie-Regiment 11	rost
Artillerie-Regiment 12	stahlblau
Artillerie-Regiment 15	dunkelflieder
Artillerie-Regiment 19	marineblau
Artillerie-Regiment 21	beige
Artillerie-Regiment 22	blaurosa
Artillerie-Regiment 23	rot
Artillerie-Regiment 26	blaulila
Artillerie-Regiment 27	brombeer
Artillerie-Regiment 32	altrosa
Artillerie-Regiment 33	hellila
Artillerie-Regiment 96	mittelblau
Artillerie-Regiment 98	dunkelrot
Reitende Artillerie-Abteilung 1	flieder
Fahrabteilungen	hellblau
Infanterie-Regimenter	weiß
mot. Truppen u. Nachrichten-Abteilungen	rosa

Links:
Ein wichtiger Ausrüstungsgegenstand war die dreieckige Zeltbahn 31. Sie konnte nicht nur zum Bau von großen oder kleinen Zelten verwendet werden, sie diente auch als Tarnung und ganz besonders als Regenumhang. Einen besonderen Nässeschutz gab es im Reichsheer und in der Wehrmacht nicht.

Unten:
Trageweise der Zeltbahn 31 als Regenumhang.

Oben:
So sah der Kriegsmaler und Buch-Illustrator Albert Reich den Kavalleristen 1940 in Frankreich.

Links:
Auf diesem zeitgenössischen Holzschnitt stellte Georg Sluyterman von Langeweyde den Kavalleristen und seine Ausrüstung mit akribischer Genauigkeit dar.

Angehörige der Aufklärungs-Abteilung 6 (6. westfälische Infanterie-Division) während des Frankreichfeldzuges 1940. Das Bild zeigt die drei vorwiegend getragenen Anzugsarten in einer »A.A.«; im hinteren rechten Bildteil Kradfahrer im »Schutzmantel für Kraftradfahrer« (Kradmantel), in der Bildmitte ein Wachtmeister mit Reitstiefeln sowie Reithosen mit Lederbesatz und links den allgemeinen Dienstanzug mit Marschstiefeln (Knobelbecher).

Unten: Das Pferdegepäck während des Krieges entsprach vielfach nicht mehr der Packordnung im Frieden. Dieser Unteroffizier hat seinem Reitpferd zu der Packtasche 34 und dem Hintergepäck noch ein Vordergepäck aufgebürdet. An der Stelle wo ehemals der Mannschaftssäbel getragen wurde, befindet sich hier der Spaten.

Nicht selten wurden Reiterschwadronen während des Krieges in Radfahrer-Schwadronen umgewandelt. Hier eine dieser Schwadronen 1941 in Ostpreußen. Die Reitstiefel und Reithosen sind durch lange Hosen, Schnürschuhe und Gamaschen ersetzt worden.

Unten: Angehörige des Schwadronstrupp der 5. / Reiter-Rgt. 2 in Polen 1939. Die Feldbluse, bereits 1933 eingeführt, war während des II. Weltkrieges das meistgetragene Uniformstück. Der Umlegekragen wird offen getragen. Obwohl es bis 1942 weder Tarnbezüge noch Tarnnetze gab, hat der Obergefreite bereits einen selbstgefertigten Tarnüberzug angelegt.

Offizier des Kavallerie-Regiment 6, Darmstadt, in der Feldbluse für Offiziere. Diese maßgeschneiderten Feldblusen wiesen in Farbe und Schnitt häufig Abweichungen von dem durch Vorschriften festgelegten Standard auf.
Die Schirmmütze (mit Kordel) wird hier wie die Feldmütze a./A. getragen, nachdem vorschriftswidrig, aber beliebt, der lose eingelegte Federstahlring entfernt worden ist. Das Reitpferd ist, wie in der Wehrmacht üblich, auf (S-) Kandare gezäumt.

Rechts:
Nicht selten mußten auch Motorisierte wieder auf das Pferd umsteigen. Die Ausrüstung von Roß und Reiter ist improvisiert, und häufig standen nur erbeutete Panjepferde zur Verfügung.
Rittmeister Schubert, Aufkl.-Abt. 36 (mot.) 1942 in Rußland.

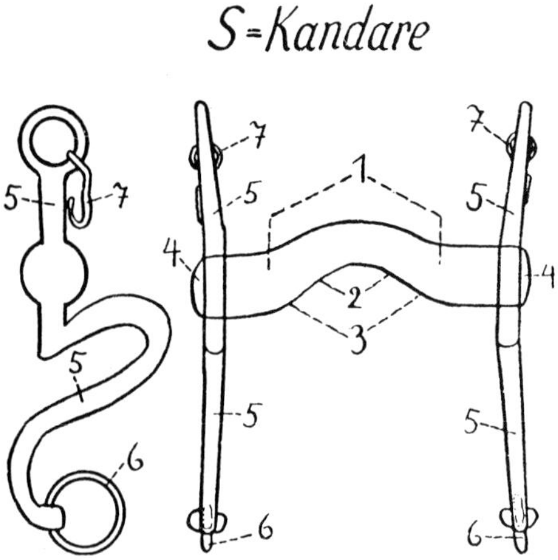

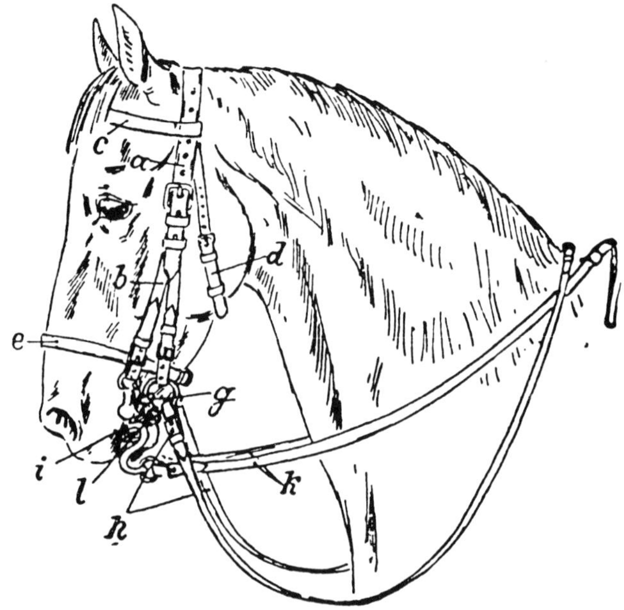

Unten: Unteroffiziere der 5. / Reiter-Regiment 22 (1. Kav.Div.) nach dem Feldzug in Holland. Den Unterwachtmeister zieren die »Kolbenringe« des Schwadronwachtmeisters, die beiden Unteroffiziere in der Bildmitte haben sich mit Regenschutzmänteln aus Beutebeständen versehen.

Nach dem Westfeldzug 1940 wurde für das »Unternehmen Seelöwe«, die Landung in England geübt. Teile einer Aufklärungs-Abteilung in Belgien bei diesen Übungen. Der Offizier in der Bildmitte trägt eine Meldekartentasche 35 in der Ausführung mit Lederriemenverschluß.

Links:
Der typische Anzug des Kavallerie-Offiziers im Kriege, hier mit Feldmütze neuer Probe (n. P.) in Rußland 1941.

Rechts:
Ein Rittmeister des ehemaligen Kavallerie-Regiments 18 während des Rußlandfeldzuges. Die Feldmütze a./A. ist mit dem Hoheitsabzeichen versehen, was nicht der Vorschrift entsprach.

Links:
Dieser Reiter in Rußland ist noch mit der Packtasche 34 (am Sattel vorn angebracht) ausgerüstet. Die Karabinertragevorrichtung ist bereits entfallen. Zu dem Zaumzeug trägt das Pferd ein Stallhalfter, um ein jederzeitiges Anbinden zu ermöglichen. Vermutlich ein Meldereiter.

Links:
Ein Kavallerie-Offizier im Winter 1942/43, kaum noch als solcher zu erkennen. Er ist mit dem Übermantel ausgestattet, dessen Länge bis ca. 10 cm oberhalb der Knöchel reichte. Meldekartentasche 35 mit Blechstreifenverschluß. Der Kavallerist im Hintergrund trägt den Tuchmantel.

Unten:
Kavalleristen des neu entstandenen Kavallerie-Regiments Mitte (K.R.M.) im Frühsommer 1943 anläßlich einer Lehrvorführung. Mit Ausnahme des Tarnüberzugs für den Stahlhelm 35 haben sich Uniform und Ausrüstung seit Beginn des Rußlandfeldzuges kaum verändert.

Links:
Generalfeldmarschall von Kluge und Major von Boeselager schreiten die Front einer Ehrenformation des K.R.M. ab. Dem Zusammenwirken dieser beiden Offiziere ist es zu verdanken, daß im 5. Kriegsjahr noch einmal Heereskavallerie-Verbände aufgestellt wurden.
Besonders gut zu erkennen, das »Koppeltragegestell für Kavallerie«, eingeführt mit Verfügung vom 15.2.1940, unter der Bezeichnung: »Trageriemen für Patronentaschen«.

Rechts:
Der Feldanzug eines Oberwachtmeisters des Reiter-Rgt. 32 in Rußland im September 1944.

Erst nach den erheblichen Ausfällen durch Erfrierungen im Winter 1941 / 42 in Rußland wurde für das Heer eine Winterkampfbekleidung eingeführt, und ab Herbst 1942 in größeren Mengen an die Truppe ausgegeben.
Der Reiter und die Kanoniere tragen die wattierte Winterjacke mit Kapuze, die ungefähr bis zur Mitte der Oberschenkel reichte. Jacke sowie eine dazugehörende Hose konnten als Überziehkleidung über der Uniform getragen werden.

Bis zum Winter 1941 war der Tuchmantel der einzige wesentliche Kälteschutz. Er konnte den Anforderungen jedoch nur unvollkommen genügen. Ein Infanterie-Reiterzug vor den schneebedeckten Bergen Norwegens im Frühjahr 1940.

Traditionell gehörte gemäß Friedensetat zu jedem berittenen oder bespannten Verband ein Trompeterkorps. Bei der Wehrmacht war das Trompeterkorps 28 Mann stark und setzte sich aus 1 Musikmeister (im Offiziersrang), 26 Blechbläsern und 1 Pauker zusammen.
Auf dem Bild das Trompeterkorps des Reiter-Rgt. 15, Paderborn, anläßlich der Feldparade nach den Herbstmanövern des VI. Armeekorps 1935 in der Lüneburger Heide.

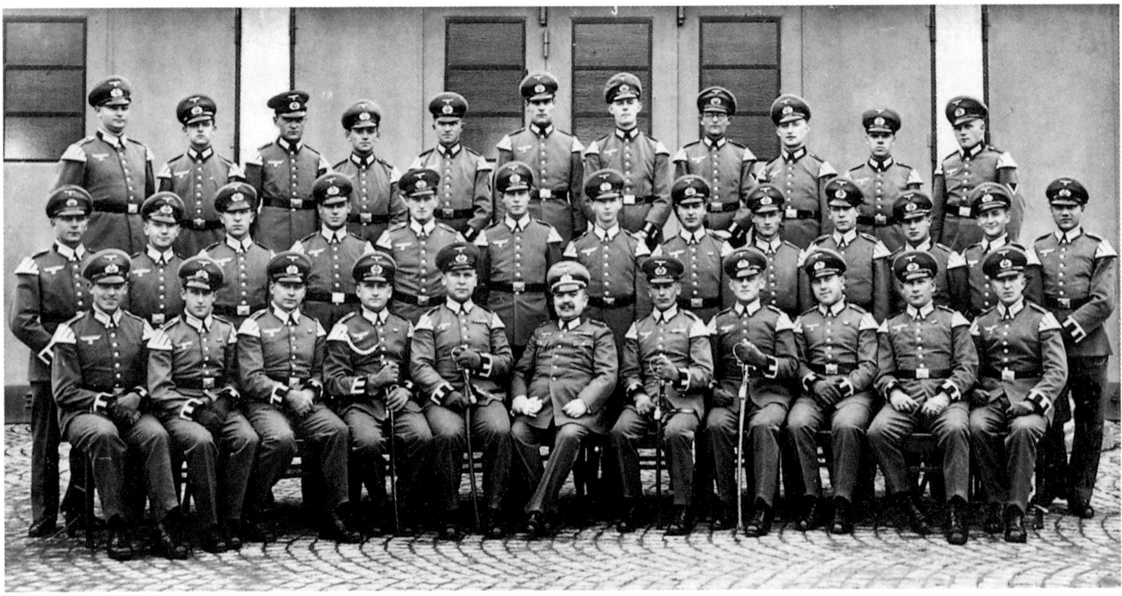

Das besondere Kennzeichen der Soldaten im Musikdienst waren die sogenannten »Schwalbennester«, die sowohl zum Waffenrock als auch zur Feldbluse getragen wurden.
Das Trompeterkorps des Reiter-Rgt. 7, Breslau, im Waffenrock. Der Musikmeister trug keine Schwalbennester.

Kesselpauker, Musikmeister und Trompeter des Kavallerie-Rgt. 13, Lüneburg Schlieffen-Kaserne, beim Anmarsch zu einer Hubertusjagd. Einige der berittenen oder bespannten Verbände verfügten über eine Meute englischer Foxhounds zur Ausübung der Reitjagden.
Die Paukenbehänge entsprechen dem Muster, welches 1937 eingeführt wurde.

Links:
Kesselpauker des Kavallerie-Rgt. 8, Oels/Schlesien. Die Paukenbehänge der Traditionstruppenteile der alten Armee durften nach 1937 nicht mehr verwendet werden.

Kesselpauker und Fanfarengruppe anläßlich einer reiterlichen Veranstaltung in Berlin, Deutschlandhalle.
Die Fanfaren waren überplanmäßige Instrumente, welche mit Fanfarenflaggen geschmückt wurden, deren Ausgestaltung den Truppenteilen im wesentlichen freigestellt war. Die Paukenpferde wurden über die Trensenzügel mit den Füßen gelenkt, die Kandarenzügel hinter dem Koppelschloß durchgezogen.

Bei Mobilmachung sollten die Trompeterkorps aufgelöst werden, was jedoch nicht in jedem Fall durchgeführt wurde. Bei Auflösung fanden die Trompeter Verwendung als Signaltrompeter neu aufzustellender Abteilungen / Schwadronen. Bei den verbleibenden oder wieder errichteten Trompeterkorps entfielen nach dem Frankreichfeldzug die Schwalbennester.

Die Deutsche Kavallerie-Zeitung war bis in die zweite Kriegshälfte das Organ ehemaliger und aktiver Kavalleristen. Ihr Inhalt wurde wesentlich durch die Pflege der weit zurückreichenden Tradition geprägt.

Der Trompeter war ein wichtiges Führungsmittel des Schwadronchefs. Die Signaltrompete wurde auch während des Krieges offiziell nicht abgeschafft, jedoch kaum noch verwendet.

Ende einer Übung des Reiter-Rgt. 2 (1. Kav.Div.) in Polen, Frühjahr 1941. Am linken Bildrand geben zwei Trompeter das Signal »Das Ganze halt!«

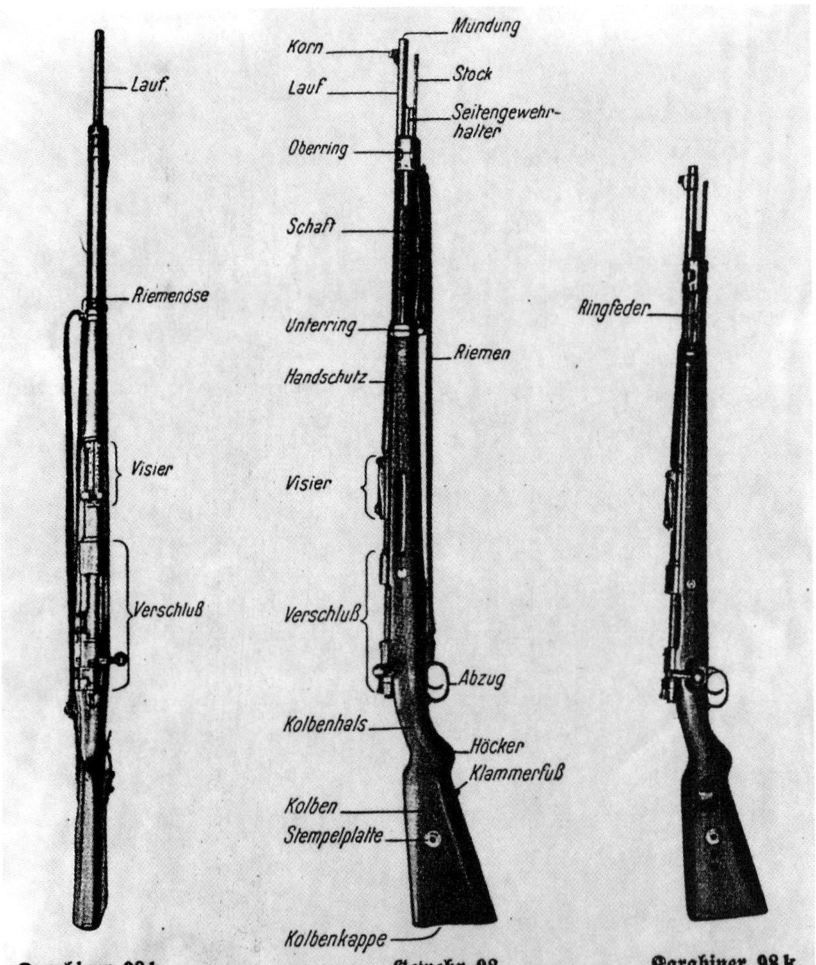

Karabiner 98 b. Gewehr 98. Karabiner 98 k.

Die Kavallerie der alten Armee war mit dem Karabiner 98a ausgerüstet, dessen Leistungen nicht denen des Infanteriegewehrs entsprachen. Da die Reiterei des Reichsheeres als »schnelle Feuerwaffe« verwendet werden sollte, wurde die Einführung des Karabiners 98b erforderlich, der sich lediglich durch einen gebogenen Kammerstengel und die seitlich angebrachten Riemenöse von dem Gewehr 98 unterschied. Durch seine Länge befriedigte er bei den berittenen Truppen jedoch nicht, so daß 1935 der Karabiner 98k eingeführt wurde. Diese Waffe bewährte sich außerordentlich und wurde die Standardwaffe der Deutschen Wehrmacht.

Der Regimentskommandeur des Reiter-Rgt. 15, Paderborn, beim Schulschießen mit dem Karabiner 98b. Gut erkennbar die linksseitig angebrachte Riemenöse.

Trageweise des Karabiners 98b in der Karabinertragevorrichtung am Sattel links.

Der Karabiner 98b war, wie der 98a, zunächst auf dem Rücken getragen worden. Da er bei dieser Trageweise auf Grund seiner Länge erheblich über den Reiter hinausragte, war es durch Hängenbleiben an niedrigen Ästen zu einer Reihe von schwerwiegenden Unfällen gekommen. Durch die Einführung der Karabinertragevorrichtung entfiel diese Unfallursache weitgehend.

Karabinertragevorrichtung

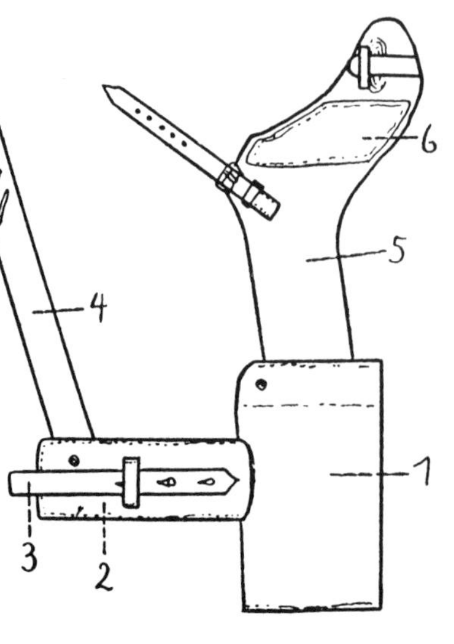

1. Schuh

2. Steg

3. Schlaufe

4. Verbindungsriemen

5. Befestigungslasche

6. Holzklotz (mit Leder bezogen, der den Karabiner vom Sattelkranz abhält)

1935 beginnend, wurde der Karabiner 98k an die Truppe ausgegeben. Hier Reiter des Kavallerie-Rgt. 15 beim Gefechtsdienst. Gut erkennbar das »kleine Schanzzeug«, Spaten mit aufgeschnalltem Seitengewehr.

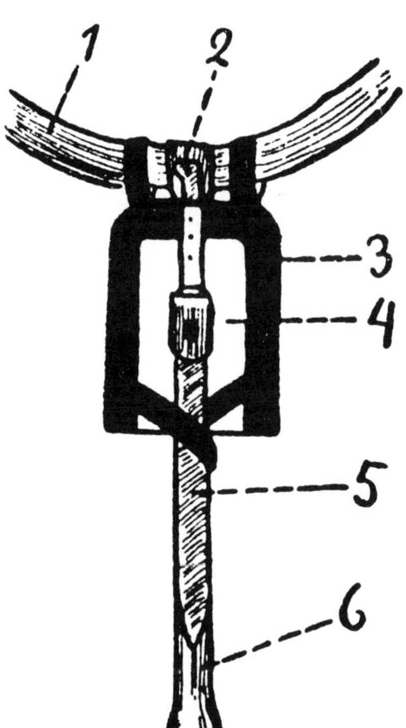

Kleines Schanzzeug

1. Koppel
2. Seitengewehrtasche
3. Spatenfutteral
4. Spatenblatt
5. Seitengewehr
6. Stiel des kurzen Spatens

Armeesattel 25 mit Packtasche 34, Hintergepäck und Karabinertragevorrichtung, in welcher bis Ende 1940 auch der Karabiner 98k getragen wurde.

Zu dem Sattel gehörten 3 Packriemen. Gehalten wurde er durch den Sattelgurt.

Die Packriemen, zwei Seitenpackriemen (a) und ein Mittelpackriemen (b), bestehen aus je einem Schnallriemen mit Schlaufe, die am Stößelende noch mit einem zweiten, besonders aufgenähten Schnallstößel mit Schlaufe versehen sind.

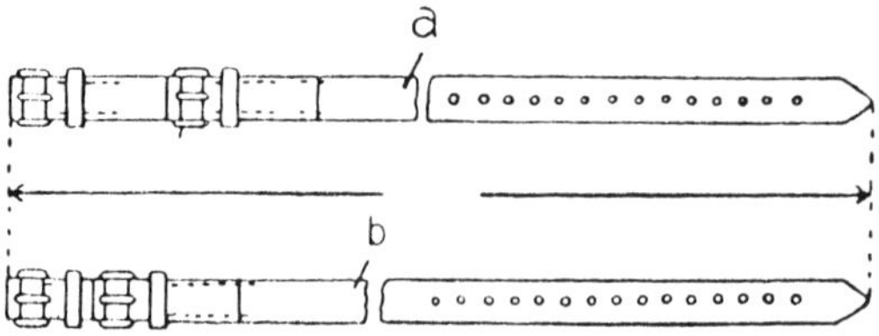

Sattelgurt.

Schnurensattelgut ohne Schnallstößel.

Der Schnurensattelgurt, aus 22 Hanfschnuren, wird in vier Größennummern gefertigt. Die Schnallen sind eingeflochten; zwischen Schnallen und

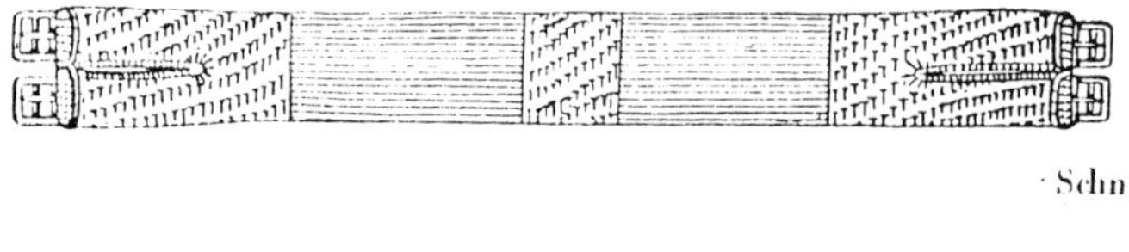

Schnuren.

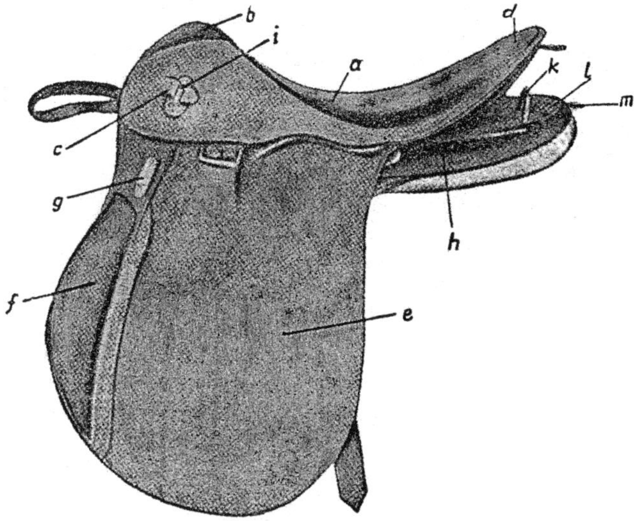

Armeesattel 25.

a Sattelsitz
b Lederkappe
c Einschnitt mit Vorsteckriemen
d Schlitzblech für den Mittelpackriemen
e Satteltasche
f Kniepausche
g Kramme für die Packtasche
h Trachtenkissen
i Kramme für die Vorgurtstrippe
k Packring
l Schnalle für die Hinterzeugstrippe
m Lederstück zum Festlegen der Schnallen

Die gute, pferdeschonende Lage des Armeesattels 25 beruhte auf seinem neuartigen Sattelbaum.

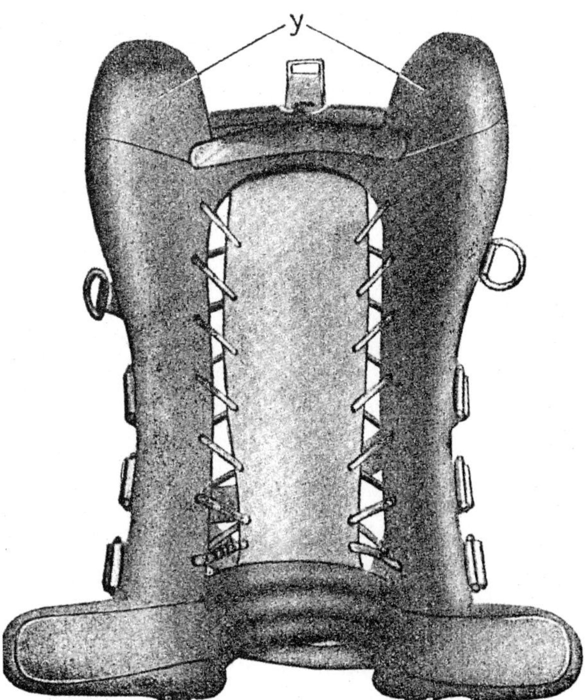

Den Kavallerie-Regimentern des Reichsheeres war durch den Vertrag von Versailles jeweils ein MG.-Zug zu 4 s.MG. zugestanden worden. Zugtrupp, Gewehrführer und die Fahrer (vom Sattel) waren als Berittene ausgerüstet.

Das s.MG. 08 (wassergekühlt) konnte auf Dreifuß 16 oder auf einem Schlitten lafettiert werden. Die Lafettierung auf Schlitten erhöhte Reichweite und Treffgenauigkeit.

Verlastet wurden die s.MG. auf dem sechsspännig gezogenen MG.-Wagen 08. Die auf dem MG.-Wagen aufgesessenen Schützen waren wie Infanteristen bekleidet.
Das s.MG. 08 (wassergekühlt) blieb auch in der Wehrmacht bis zur Einführung des MG. 34 in Gebrauch.
Auf diesem Bild führen die Schützen als persönliche Waffe noch den Karabiner 98a, der später von der Polizei weiterverwendet wurde.

Als l.MG. 08 / 15 (wassergekühlt) wurde diese Waffe, ohne Schlitten bzw. Dreifuß 16, später auch als Gruppen-MG. bei der Kavallerie des Reichsheeres zugelassen und in der Wehrmacht weitergeführt. Das »leichte« MG. führte der MG.-Schütze 1 in einem Futteral am Sattel links mit sich. Das Gegengewicht dazu war rechts ein Kasten MG.-Munition. Siehe Reiter im Vordergrund.

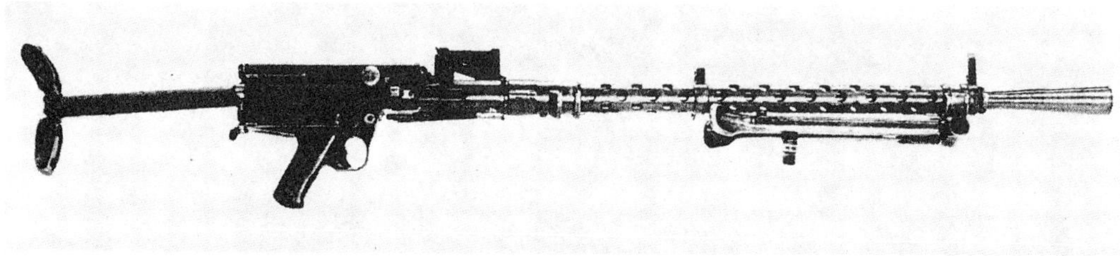

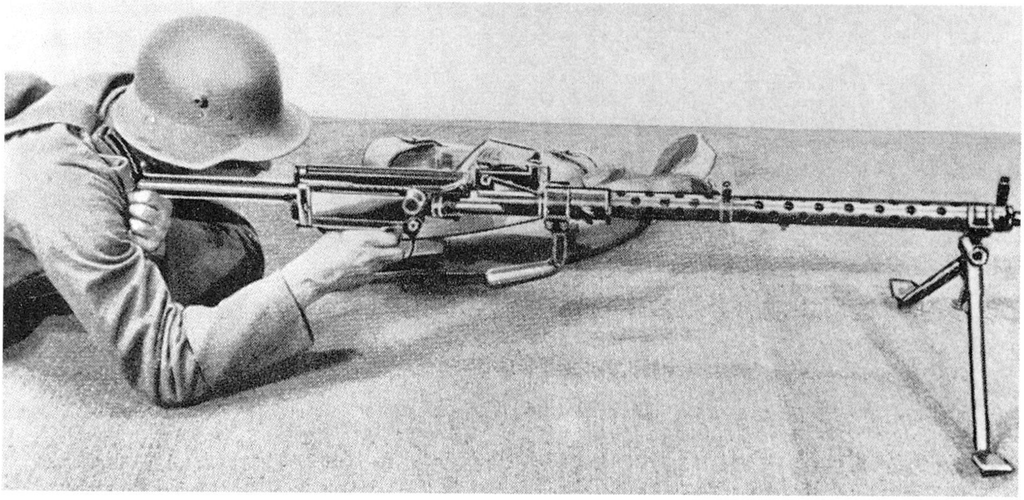

Oben und unten:
Das im Reichsheer vorhandene l.MG. 13 (Dreyse) wurde Mitte der 30er Jahre auch bei der Kavallerie eingeführt - später mit langem Mündungsfeuerdämpfer. Es konnte mit Zweibein oder auf verstellbarem Dreibein eingesetzt werden. Eine Lafette gab es für diese Waffe nicht.

MG.-Abmarsch mit dem l.MG. 13 (Dreyse) am Sattel des MG.-Schützen 1 hinten links.

Absitzen zum Gefecht. Das Dreibein wurde auch nach Einführung des MG. 34 zur Fliegerabwehr weiterverwendet und wie hier beim Zugtrupp eines MG.-Zuges auf dem Rücken getragen.

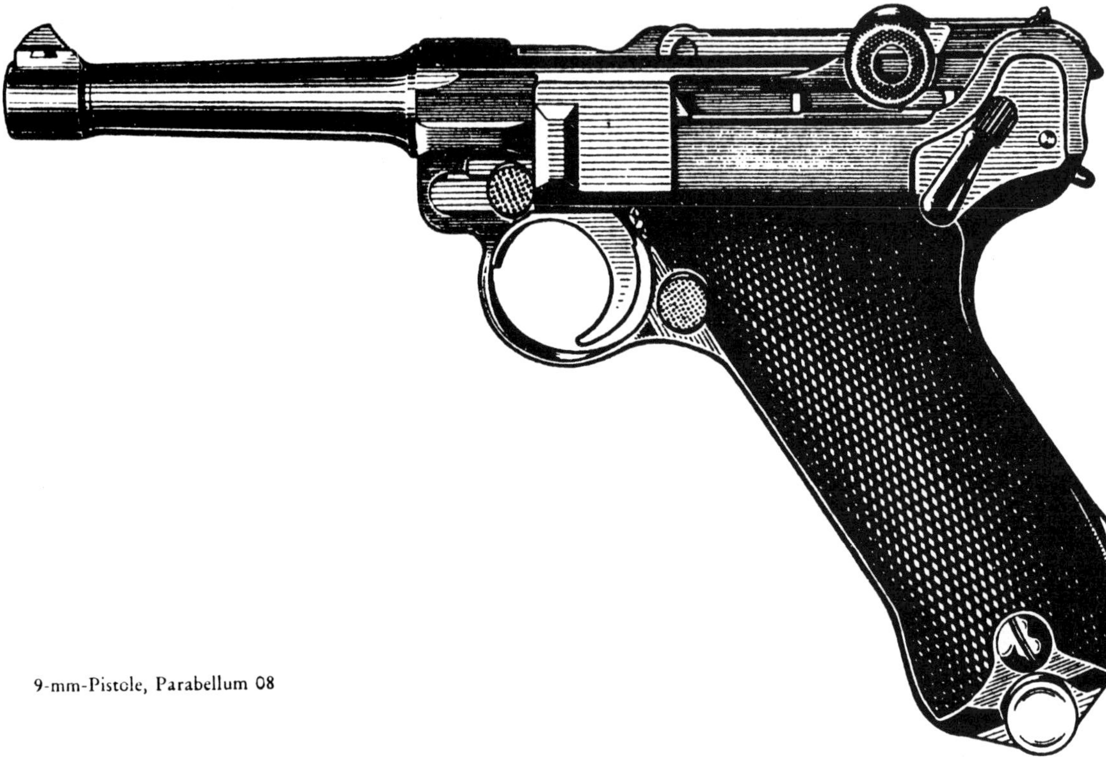

9-mm-Pistole, Parabellum 08

Als persönliche Waffe für Offiziere, Schwadronswachtmeister, MG.-Schützen und das Sanitätspersonal diente die Pistole 08. Die Pistole 38 wurde, aus welchen Gründen auch immer, nur in geringem Umfang verwendet.

Trageweise der Tasche für die Pistole 08. Koppel und Feldbluse des Offiziers im Vordergrund sitzen nicht gerade vorschriftsmäßig. Rechts Generalmajor Feldt, der Kommandeur der 1. Kavallerie-Division.

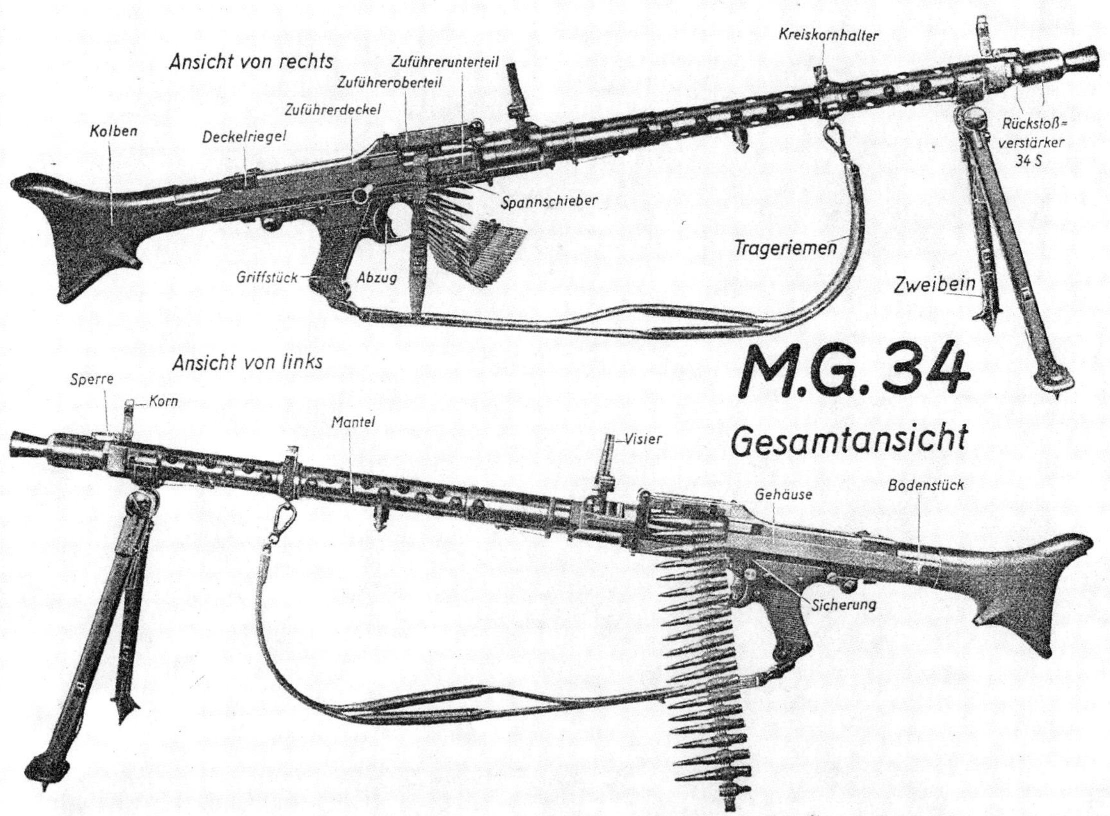

Das MG. 34, entwickelt aus dem MG. 13 (Dreyse), war das erste moderne Maschinengewehr, wenngleich auch dieser Waffe einige kleinere Mängel anhafteten.
Es konnte mit Lafette als s.MG. und mit Zweibein als l.MG. eingesetzt werden.

Erst durch das MG. 34 wurde die Kavallerie tatsächlich zu einer »schnellen Feuerwaffe«. Jede Reiter- und Radf.-Schwadron verfügte über neun l.MG. und zwei (später 4) s.MG. Damit wurde das Maschinengewehr auch bei den Reitern zum Hauptträger des Feuerkampfes.

Das Feuer der s.MG. wurde durch den Zugtrupp geleitet, etwa vergleichbar mit der Feuerleitung bei anderen schweren Waffen.
Der Offizier im Vordergrund trägt »eigene Reitstiefel«, die Sporen wurden dabei überwiegend dicht unterhalb der Knöchel getragen.

Die Radf.-Schwadron, das infanteristische Element der Aufkl.-Abteilung (tmot.), war mit 3 Granatwerfern (5 cm) ausgerüstet. Hinter dem Werfer der Tragebehälter für die Granaten.

Kurz vor Kriegsbeginn wurden alle Unteroffiziere der Kavallerie, welche Führungsfunktionen innehatten, mit der MPi. 38 ausgerüstet (= etwa 15 pro Schwadron). Dadurch erhöhte sich die Feuerkraft besonders auf kurze und mittlere Entfernung noch einmal erheblich.
Zwei Wachtmeister des Reiter-Rgt. 2 in Rußland 1941. Sie tragen zu der MPi. weiterhin die Pistole 08.

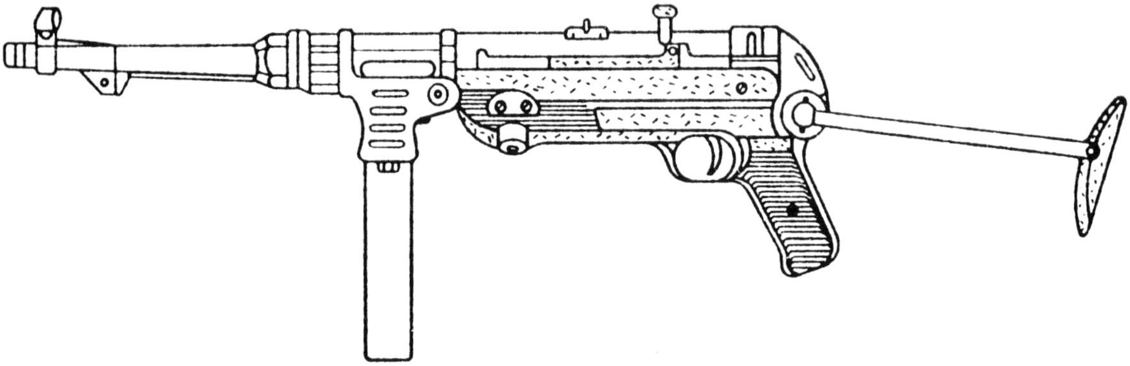

Maschinenpistole MP 40

Die Reitergruppe der Waffen-SS war weitgehend wie die des Heeres bewaffnet. Der Gruppenführer trägt die MPi. 40 (Nachfolgemodell der MPi. 38) vor der Brust, Magazin entnommen.
Die Reiter sind bereits mit den Packtaschen neuer Art ausgestattet, die am Sattel hinten angebracht wurden. Unter der rechten Packtasche der sogenannte Tränkeimer aus wasserdichtem Bramtuch. Rußland 1941.

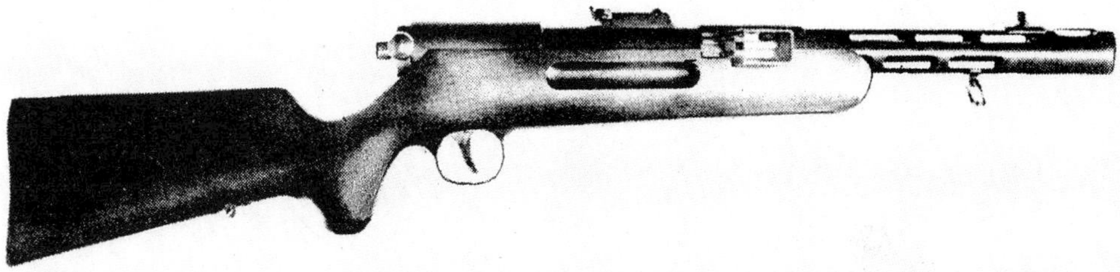

Neben der MPi. 40 wurden bei Heer und Waffen-SS auch verschiedene andere Maschinenpistolen verwendet. Oben ist die Erma (MPi. 34) abgebildet, die auch der Funker (rechts) trägt.

Auch bei der Kavallerie der Waffen-SS gehörte das MG. 34 zur Standardbewaffnung, hier mit Munitionszuführung aus dem Trommelmagazin.

Da bei den Rad-Kfz zumeist keine MG.-Lafettierung vorhanden war, mußte vielfach das Fliegerdreibein aushilfsweise diese Funktion übernehmen. SS-Kavallerie-Division (später 8.) 1942 in Rußland.

Das Fliegerdreibein, welches ursprünglich für jedes MG. 34 vorhanden war, diente nicht nur zum Einsatz in der Fliegerabwehr. Im Gelände mit hohem Bodenbewuchs, wie z. B. in den Sonnenblumenfeldern Südrußlands, stellte es die einzige Möglichkeit dar, das Maschinengewehr zur Wirkung zu bringen. 8. SS-Kavallerie-Division »Florian Geyer« 1943 am Dnjepr.

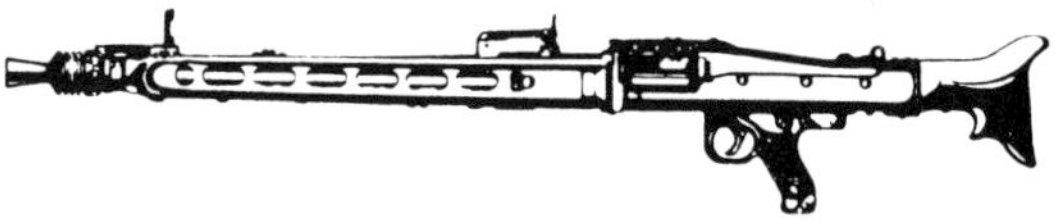

Das MG 42.

Die Anfang 1944 aus dem SS-Reiter-Regiment 17 aufgestellte 22. SS-Frw.-Kavallerie-Division »Maria Theresia« wurde teilweise mit dem neuen MG. 42 ausgerüstet. März 1944 im Kessel von Kowel.

Panzerbüchse PzB 38 und PzB 39, Kal. 7,92 mm

Panzerbüchse 39. Sie kam bei der Kavallerie nur selten zum Einsatz.

August 1944. Bahntransport von Teilen der 22. Frw.-Kavallerie-Division »Maria Theresia« in den Raum Siebenbürgen / Rumänien. Der Karabiner 98k und das MG. 34 (vorn) sind nach wie vor die Standardwaffen der Reiterschwadronen.

Seit dem Ablegen der Stahlrohrlanze im Jahr 1927 hatte sich die Reiterschwadron äußerlich nur wenig verändert. Noch bis Ende der 30er Jahre wurde der »Stahlhelm mit Ohrenausschnitten« getragen.
Durch die Einführung des Karabiners 98b konnte der Reiter abgesessen den Feuerkampf allerdings auf die gleiche Weise wie der Infanterist führen.
Der zu jeder Schwadron gehörende Kradmelder verbesserte die Verbindung zum Regiment nicht unwesentlich.
Reiter-Rgt. 3, Rathenow und Stendal, während des Herbstmanövers des IX. Armeekorps in Bayern 1935.

Diese Darstellung des Soldatenmalers Döbrich-Steglitz zeigt eine typische Szene des Gefechts der Reiterschwadron. Annäherung zu Pferde, Absitzen in Deckung, das Vorgehen der abgesessenen Kavallerie-Schützen und das Zurückbringen der Handpferde.

Das Kavallerie-Rgt. 5, Stolp/Pommern 1937 beim Rückmarsch von einer Übung. Im Bild die MG.-Schwadron des Regiments. Der Reiter am rechten Bildrand trägt am Sattel links 1 Patronen-Kasten 34 für MG. in Behälter, der Reiter in der rechten Bildmitte den Entferungsmesser 14 (34) auf dem Rücken. Zur besseren Trageweise ist die gerollte Zeltbahn unterlegt.

Entfalteter Ritt im Gelände.

Lfd. Nr.	Zeichen	Ausführung	Licht bei Kfz. nachts	Bedeutung
1		Arm hochheben a) vom Führer (dabei Pfiff) b) vom Unterführer c) in der Bewegung (aufgesessen)	weiß	a) „Achtung!" (Ankündigungszeichen) b) „Verstanden!" oder „Fertig, marschbereit!" c) „Stillgesessen!"
2		Arm einmal hochstoßen dasselbe mehrmals a) aus dem Halten b) in der Bewegung	weiß grün grün	„Aufsitzen!" a) „Antreten, Anfahren!" b) „Nächsthöhere Gangart, schneller!"

Die Führung berittener und bespannter Verbände erfolgte weitgehend mittels Armzeichen, wofür 25 Standardzeichen vorgesehen waren.

Teilweise bis Mitte 1941 führten die Reiter den Mannschaftssäbel, der bei besonderen Anlässen »Säbel - auf!« getragen wurde. Kavallerie-Rgt. 5, Stolp, 1936 bei einer Parade-Aufstellung.

Reiterzug während einer Parade mit »Augen - rechts!« und »Säbel - auf!«.

Der Säbel wurde jedoch keineswegs nur zu Paradezwecken geführt. Attackenübung einer Reiterschwadron des Kavallerie-Rgt. 15, Paderborn und Neuhaus, auf dem Truppenübungsplatz Sennelager.

Ein Reiterspähtrupp 1 - 3 klärt gegen den Narew auf. Polenfeldzug 1939.

Die typische Ausrüstung der Reiterschwadron zu Pferde. Das Kavallerie-Rgt. 15 auf dem Marsch zum Truppenübungsplatz Wahn-Heide 1938.

Offiziere und Wachtmeister trugen den Säbel am Sattel links, Offiziere in der Regel keine Packtaschen. Einmarsch einer Reiterschwadron in das Sudetenland 1938.

Der MG.-Schütze 1 einer Reitergruppe macht das l.MG. 34 frei. Am Sattel vorn ein Patronen-Kasten 34 in Tragebehälter.

Grüßen mit dem Säbel! Im Heer nur bei Offizieren üblich, bei der Waffen-SS auch bei Portepée-Unteroffizieren in Führungsfunktion.

Drei Gefreite des Inf.-Reiterzuges 34, Heilbronn (I.R. 34). Ihre Ausstattung: Reitstiefel, Sporen, Reithosen mit Lederbesatz ist die gleiche wie die der Berittenen in den Reiter- oder Kavallerie-Regimentern.

Die 1. Kavallerie-Division erreicht mit vordersten Teilen am 16. Mai 1940 die Westküste Hollands.

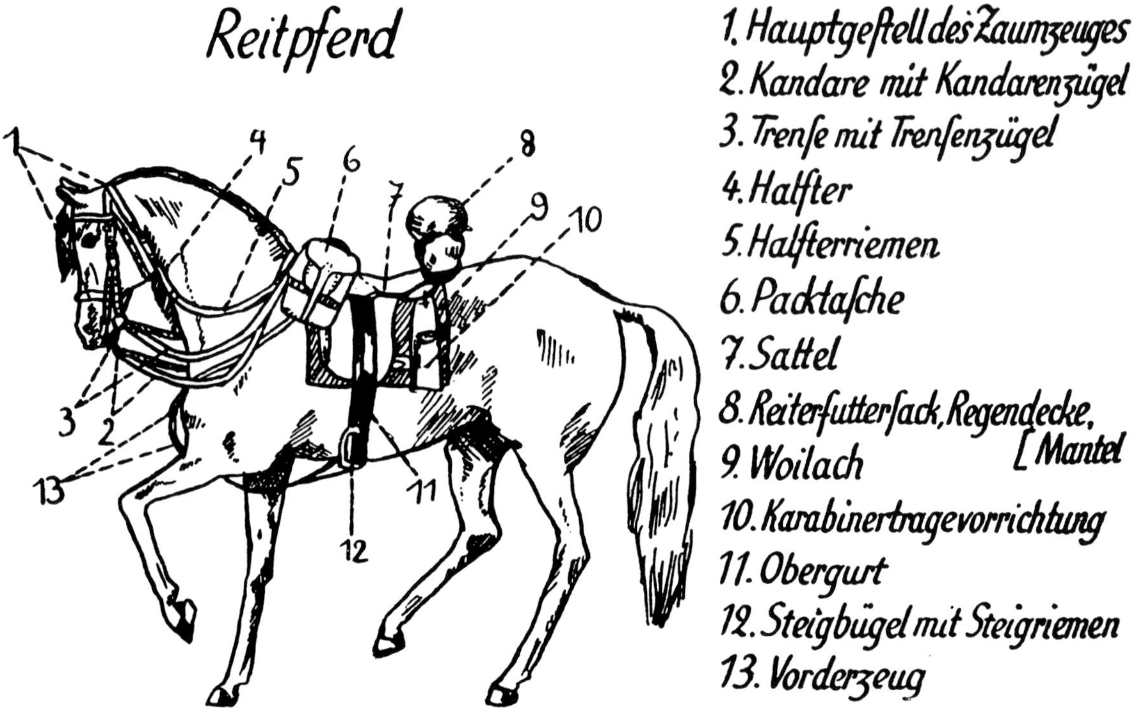

Ausrüstung des Reitpferdes.

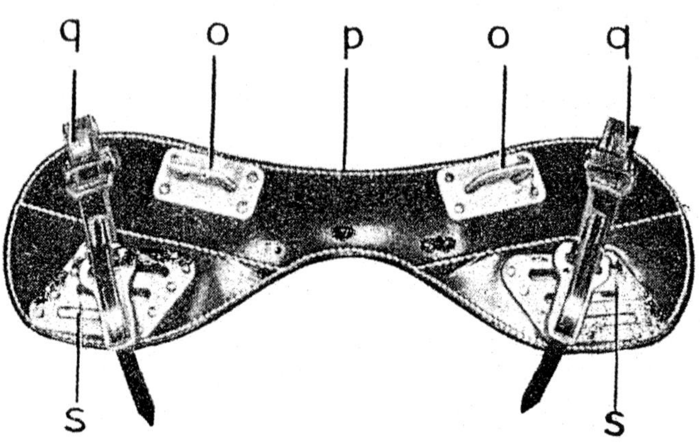

c) Sattelüberwurf.

Der Sattelüberwurf (p) ist aus angebräuntem Rindvolleder flügelartig geschweift geschnitten, auf der Unterseite etwa bis zur Schlitzhöhe mit Blankleder verdoppelt und in ganzer Fläche durch Zwischen- bzw. Unterlagen von Transparentvolleder verstärkt. Zur flachen Auflage auf den Sattelkopf ist der Überwurf gepreßt.

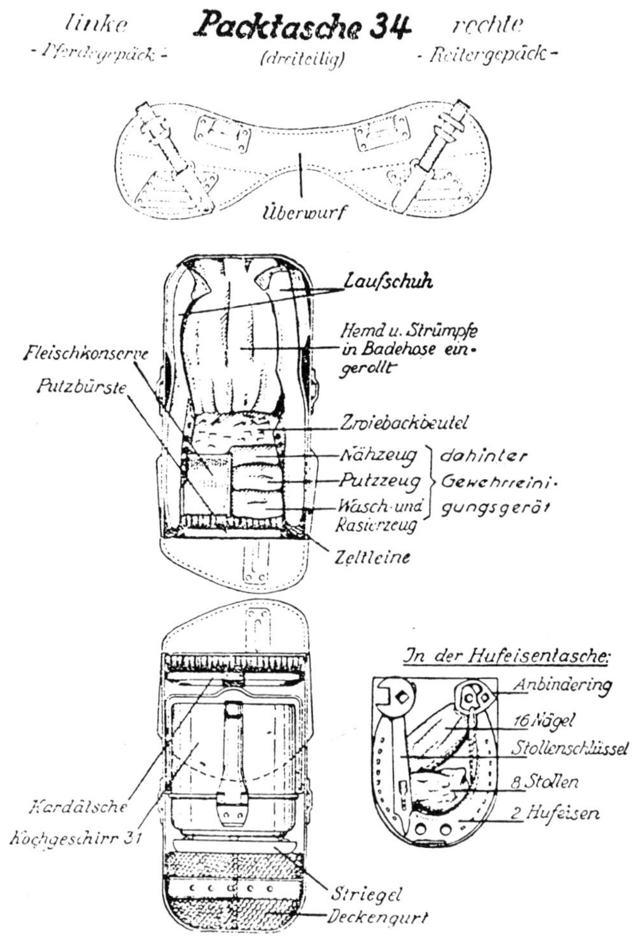

Reiterschwadron der 1. Kav.-Division 1940 (Frankreich). Im Einsatz wurde der Karabiner 98k bereits häufig auf dem Rücken getragen.

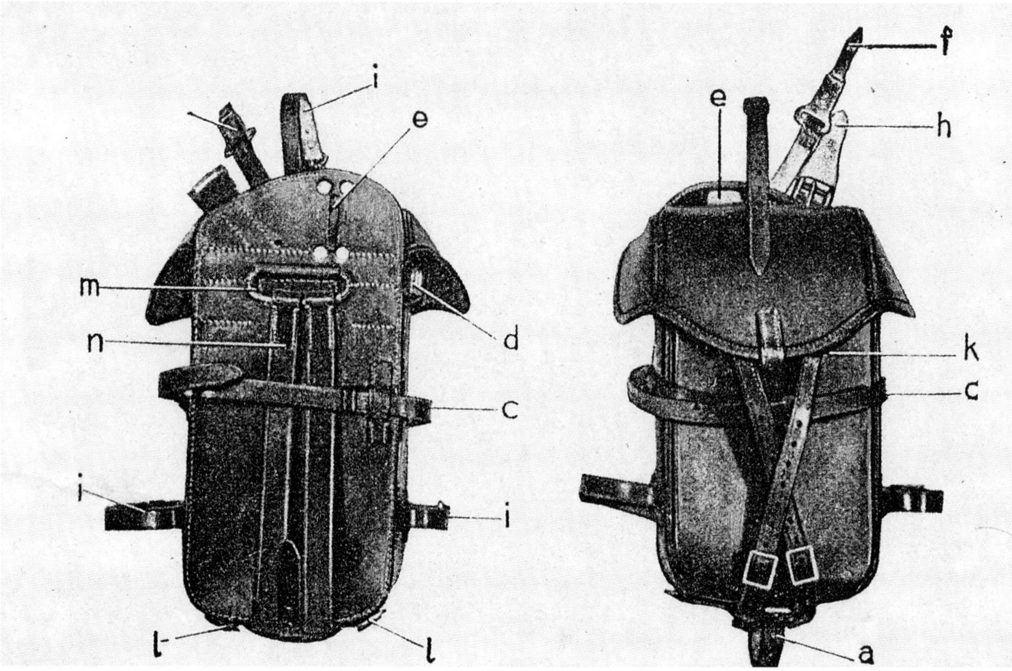

Rechte (oben) und linke Packtasche 34.

Ein Beispiel der Packordnung im Kriege.

Unten: Während des Marsches mußten die Berittenen die Fahrbahn für motorisierte Truppen freihalten.
Reiterschwadron der Aufkl.-Abt. 186 (Frankreich 1940).

Der Reiterzug des Inf.-Rgt. 34 während des Westfeldzuges 1940. Eine Rast wird zur Fütterung der Pferde genutzt. Dazu dient der tuchene Tränkeimer.

Zum Tränken verwendeten die Reiter nach Möglichkeit größere Tränkeimer aus Metall. Diese konnten jedoch nur bei den Trossen mitgeführt oder dem Land entnommen werden.

Die Reiterschwadron / Aufkl.-Abt. 34 sammelt nach einem Stoßtrupp auf Condé sur Marne in Frankreich 1940.
Das Pferd am rechten Flügel ist mit dem Fliegertuch in Form der Hakenkreuzflagge bedeckt.

Nach dem Wegfall der Karabinertragevorrichtung Ende 1940 trugen die Reiter den Karabiner generell auf dem Rücken. Reiterschwadron / Aufkl.-Abt. 6 in Rußland 1941.

Gewässer konnten durchfurtet, bei größerer Tiefe mit, aber auch ohne Unterstützung durch Pionierkräfte durchschwommen werden.

Eine Reiterschwadron kühlt während des Halts die Pferdebeine. Am Sattel hinten die Packtaschen neuer Art. (n.A.), Rußland 1941.

Der große Vorzug der Reiter beruhte auf ihrer weitgehend uneingeschränkten Beweglichkeit in nahezu jedem Gelände. Der »Stern« am linken Oberarm weist seinen Träger als Oberreiter aus.

Die 6. / Reiter-Rgt. 1 (1. Kav.Div.) nimmt die Gelegenheit zum Tränken der Pferde wahr. Sehr gut erkennbar die Packtaschen (n.A.), die am Sattel hinten angebracht waren, sowie das als Gegengewicht eingeführte Vordergepäck. Rußland 1941.

Die Packtasche neuer Art (n.A.)

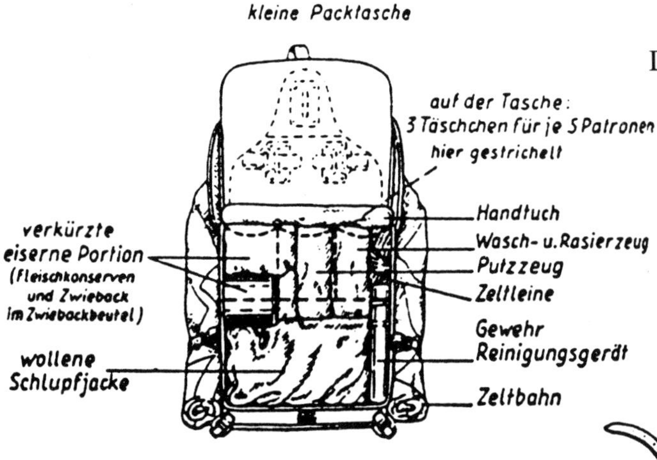

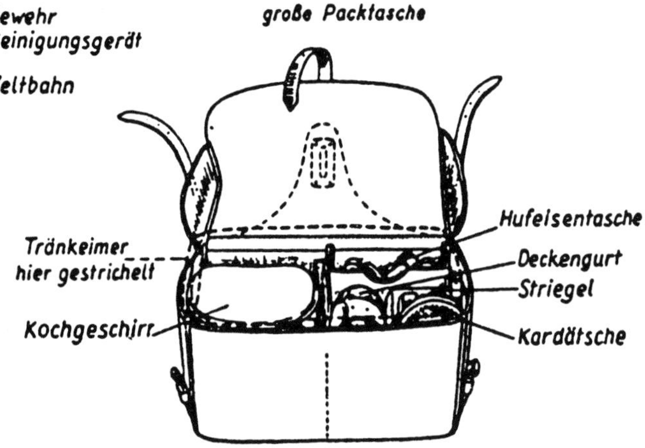

Bewaffnung und Ausrüstung der Reitergruppe 1941 in Rußland. Gruppenführer mit MPi. 40, Meldekartentasche 35 und Doppelfernrohr (DF) in Tragebehälter. Reiter mit Karabiner 98k, zu den Packtaschen n.A. wird teilweise noch die Packtasche 34 weiterverwendet.
(1. Kav.-Division)

Der Kradmelder einer Reiterschwadron in Frankreich 1940. Am Tank das Truppenkennzeichen in Form eines Kesselpaukers zu Pferde.

Während selbst Truppen-Kfz. mit Schneeketten bei vergleichsweise geringer Schneedecke leicht in Schwierigkeiten gerieten, hatten die Reiter damit keine Probleme. Am Kfz. hinten links das taktische Zeichen des Stabes einer Aufkl.-Abteilung.

Zur Heereskavallerie gehörte unabdingbar Reitende Artillerie. Die 1. (Ostpr.) Kavallerie-Brigade verfügte über eine Abteilung Reitender Artillerie, später die 1. Kav.-Division über ein Regiment.
Der Unterschied zur bespannten Artillerie bestand darin, daß sämtliche Kanoniere beritten waren. Die Reitende Artillerie wurde als Elitetruppe aufgefaßt. Ihr wurden besonders qualifizierte Offiziere und bestes Pferdematerial zugewiesen.

Gliederung und Stärken einer Reitenden Artillerie-Abteilung.

Truppenteil	Offiziere	Unteroffiziere	Gefreite	Mannschaften	Pferde	Pferde gesamt
Reitende Artillerie-Abteilung 1						
Stab R.A. 1	9 + 1	19 + 1	15	10	14 R, 3 Re, 8 Z	25
1. Batterie R.A. 1	6	30 + 1	33	77	77 R, 14 Re, 60 Z	151
2. Batterie R.A. 1	6	30 + 1	33	77	77 R, 14 Re, 60 Z	151
3. Batterie R.A. 1	6	30 + 1	33	77	77 R, 14 Re, 60 Z	151
Trompeterkorps R.A. 1	1	21	3	3	29 R, 3 Re	32
gesamt:	28 + 1	130 + 4	117	244	274 R, 48 Re, 188 Z	510

524 Soldaten 510 Pferde

Zu Spalte 2 und 3: + 1 = 1 Sanitätsoffizier bzw. Sanitäts-Unteroffizier
Zu Spalte 6: R = Reitpferd, Re = Remonte, Z = Zugpferd

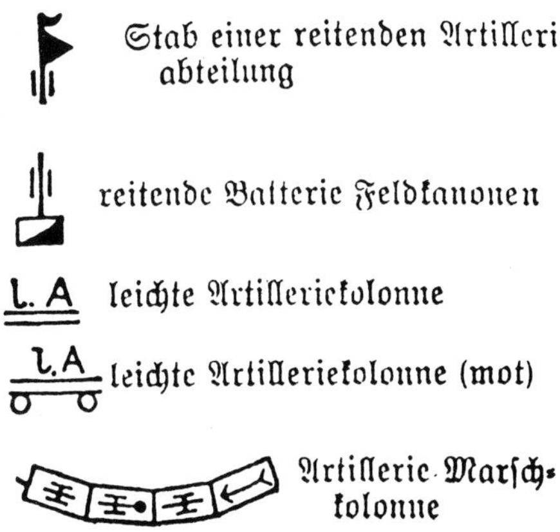

Taktische Zeichen der reitenden Artillerie.

Die klassische Waffe der Reitenden Artillerie war die leichte Feldkanone 16 (l.FK. 16), ab 1934 neuer Art, mit einer Feuergeschwindigkeit von 8 - 10 Schuß pro Minute.

Das 1939 / 40 aufgestellte Reitende Artillerie-Regiment 1 wurde mit der seit 1938 hergestellten leichten Feldkanone 18 (l.FK. 18) ausgerüstet. Die neue Kanone war mit 1.120 kg um 400 kg leichter als die l.FK. 16 n.A. und besaß eine Spreizlafette. Ihr Kaliber betrug 75 mm, die äußerste Schußweite war mit 9.425 m angegeben. Neben ihrem leichteren Gewicht lag ihr größter Vorteil darin, ohne Bewegung des Lafettenschwanzes, über einen Schwenkungsbereich von 60° zu verfügen. Im Bild eine l.FK. 18 des r.A.R. 1 während des Hollandfeldzuges 1940.

Radfahrerschwadronen, deren Aufstellung erst 1936 einsetzte, sollten die infanteristische Feuerkraft der Kavallerie-Regimenter, im Kriege der Aufklärungs-Abteilungen verstärken.
Die leichten Waffen und die persönliche Ausrüstung konnten auf dem Truppenfahrrad mitgeführt werden.

Der l.MG.-Trupp einer Radf.-Gruppe mit MG. 34 und Fliegerdreibein.

Das gotische R auf den Schulterklappen (-stücken) der Angehörigen der Radfahrer-Abteilung 1.

MG.-Schütze 1 mit MG. 34, welches im Kriege an der Querstange des Truppenfahrrades befestigt wurde. Radf.-Schwadron 1940 beim Einmarsch in Paris.

Jede Radf.-Schwadron verfügte über eine Kradstaffel. Hier B-Kräder der II. Abt. / K.R. 6, noch ohne takt. Zeichen, anläßlich einer Parade 1939.

Die schweren Waffen der Radf.-Schwadron, s.MG. und Granatwerfer (5 cm) waren auf Beiwagenkrädern motorisiert. Hier ein MG. 34 mit Doppeltrommelmagazin.

Die Radfahrerschwadron war teilmotorisiert. Außer den drei Radf.-Zügen waren alle anderen Teileinheiten der Schwadron auf Krädern oder geländegängigen Kfz. beweglich gemacht. Die Schwadron verfügte damit über 21 Kräder, davon 17 mit Beiwagen und 7 geländegängigen PKW / LKW. Kradfahrer der Aufkl.-Abteilung 6 im Westfeldzug 1940.

Die Radf.-Züge konnten unter Beibehaltung ihrer Beweglichkeit auch schwierige Geländeteile überwinden.
Eine Radf.-Schwadron geht über die noch unfertige Floßsackbrücke. Westfeldzug 1940.

Trageweise der Ausrüstung während des Krieges im Westen 1940. Die Truppenfahrräder unterlagen bereits im 2. Kriegsjahr großem Verschleiß. Dieser konnte jedoch in Holland, Belgien und Frankreich durch Ankäufe aus dem Lande ersetzt werden. Das Fahrrad links im Bild (weiß markiertes Schutzblech) ist z. B. angekauft.

Radf.-Schwadron in Rußland 1941. Im Gegensatz zu den guten Straßenverhältnissen in Westeuropa, erwies sich der Einsatz von Radf.-Verbänden im Osten von Anbeginn als problematisch. Mit Anbruch der Schlammperiode wurde er praktisch unmöglich.

Auch die SS-Kavallerie-Division verfügte über eine Radf.-Aufkl.-Abteilung, die zunächst ähnlich gegliedert und ausgerüstet war, wie die Radf.-Abt. 1 des Heeres. Stielhandgranaten z. T. nach Art der Infanterie im Koppel getragen.

Bereits 1942 wurde die Kavallerie der Waffen-SS mit modernen Tarnanzügen ausgestattet. Aus der Radf.-Aufkl.-Abteilung entstand später die Panzeraufklärungs-Abteilung der 8. SS-Kav.-Division »Florian Geyer«.

Die Radf.-Schwadronen der Waffen-SS besaßen als schwere Waffe ebenfalls den Granatwerfer (5 cm), die »Artillerie des kleinen Mannes«.

Auch die 1. Kav.-Div. war in Teilen motorisiert und verfügte u. a. über einen relativ hohen Anteil an Krädern. Beiwagenkrad mit dem Truppenkennzeichen der Division.

Rückkehr einer Radf.-Schwadron des K.R. 6 in die Heimatgarnison Bensheim nach dem Westfeldzug 1940. Der Kübelwagen des Schwadronchefs weist das takt. Zeichen einer Aufkl.-Abt. auf.

Die bereits ab 1931 im Reichsheer etatistierten Kavalleriegeschütze, damals aus Tarnungsgründen noch als »Minenwerfer« bezeichnet, wurden von der Wehrmacht weitergeführt. Ursprünglich sechsspännig hinter einer Protze gefahren, waren sie bei den Kavallerie-Regimentern später motorisiert. Dazu hatten sie an Stelle der Speichenräder gummibereifte Metallräder erhalten. Zu einer Geschützbedienung gehörten der Geschützführer und 6 Kanoniere.

Unten: Die 1939 / 40 aufgestellten ersten Kavallerie-Regimenter der Waffen-SS wurden ebenfalls mit dem l.IG. 18 ausgerüstet. Gut zu sehen der Lederbesatz der Reithose des Zugführers (rechte Bildseite).

Zu einem Zug gehörten zwei Geschütze (Kal. 7,5 cm), die Flach- und Steilfeuer mit hoher Präzision schießen konnten. Wegen seiner Treffgenauigkeit war diese Waffe bei der Truppe sehr beliebt. Hier ein Bild aus dem Frieden.

Unten: Im Gegensatz zu der Kavallerie des Heeres verwendeten die SS-Kavallerie-Divisionen das l.IG. 18, wenngleich später motorisiert, auch in der zweiten Kriegshälfte als zwar leichte, aber wirkungsvolle Waffe weiter.

Die Geschützbedienungen waren wie Infanteristen ausgerüstet. Vor der Feuereröffnung mußte der Lafettensporn eingegraben, und bis sich das Geschütz festgeschossen hatte, die Kastenlafette niedergedrückt werden.

Bei den Reiter-Regimentern blieben die Kavalleriegeschütze zunächst weiterhin bespannt, wie auch bei den nichtmotorisierten Inf.-Divisionen. Wegen ihrer geringen Größe und des nicht sehr modernen Aussehens wurden sie von der Truppe als »Zigeuner-Artillerie« bezeichnet. 1. Kav.-Brigade 1939 in Polen.

Vor Beginn des Rußlandfeldzuges wurden auch die Kavalleriegeschütz-Züge der Reiter-Regimenter motorisiert.
G = Panzergruppe 2 (Guderian), daneben der »springende Reiter«, das Truppenkennzeichen der 1. Kav.-Division. Rußland 1941.

Der große Vorteil des l.IG. 18 bestand nicht zuletzt darin, auf Grund seines relativ geringen Gewichts auf dem Gefechtsfeld im Mannschaftszug dem Infanteristen oder Reiterschützen unmittelbar folgen zu können.

Die Panzerabwehr-Züge

Eine der wichtigsten Verstärkungen der Kavallerie war die Aufstellung der Panzerabwehr-Züge, zunächst als Attrappen, in den letzten Jahren des Reichsheeres. Ab 1934 erhielten diese Züge echte 3,7 cm Pak und wurden motorisiert.

Unten: Der Pak-Zug bestand neben den Führungs-, Melde- und Mun.-Fahrzeugen aus drei Kanonen. Die 3,7 Pak weisen noch die typischen Tarnfarben des Reichsheeres auf, die Kraftfahrzeuge noch Nummernschilder der Reichswehr. Die Mannschaften tragen bereits das Hoheitsabzeichen der Wehrmacht. Eine Aufnahme, die vermutlich Ende 1934 oder Anfang 1935 gemacht wurde.

Als Zugmittel für die Panzerabwehrkanone diente vorwiegend das Kfz. 69, die sogenannte »Krupp-Protze«, hier in Front, mit durch die Plane abgedeckter Windschutzscheibe.

Unten: Die voll geländegängige Krupp-Protze, welche neben der Bedienung auch die Kampfbeladung an Munition aufnehmen konnte, erfreute sich bei der Truppe großer Beliebtheit. Sie wurde bis 1942 hergestellt.

Zur Bedienung der 3,7 Pak gehörten ein Geschützführer und drei Mann. Auch diese Waffe konnte mittels Zuggurten im Mannschaftszug auf dem Gefechtsfeld bewegt werden.

Die Spreitzlafette der 3,7 Pak mußte ebenfalls vor dem ersten Schuß eingegraben, die Holme niedergedrückt werden. Rechts neben dem Spaten der Mun.-Transportbehälter.

Anfang der 30er Jahre führte das Reichsheer leichte gepanzerte Spähfahrzeuge ein, die zunächst von der Kraftfahrtruppe verwendet wurden. 1935 erhielt auch die Kavallerie derartige Fahrzeuge. Es handelte sich dabei um die Kfz. 13 und 14, beide auf Fahrgestell Adler Standard 6, die als mittl. gep. PKW »Maschinengewehr-Kraftwagen« und »Funk-Kraftwagen« geführt wurden.
Auf dem Bild vorn der MG.-Wagen, dahinter der Funkwagen, erkenntlich an der einklappbaren Rahmenantenne. Die weißen Kreuze an den Kfz. weisen auf den Feldzug gegen Polen (1939) hin.

Unten: Bei jedem Kavallerie-Regiment wurde 1936 ein Panzerspäh-Zug zu drei Spähtrupps mit je zwei Kfz. 13 und einem Kfz. 14 aufgebaut. Die Reiter-Regimenter erhielten einen PzSpähtrupp. Hier zwei Panzerspähwagen der 10. (schw.) Schwadron des Kavallerie-Regiments 15.

Das Kfz. 13 war technisch noch nicht ausgereift, wies eine nur geringe Bodenfreiheit auf und hatte für die Besatzung keinen Panzerschutz nach oben. Deshalb, und wegen seiner Form, wurde er von der Truppe als »Badewanne« bezeichnet.
Obwohl die Produktion bereits 1934 wieder eingestellt worden war, befanden sich einzelne dieser Fahrzeuge noch im dritten Kriegsjahr im Einsatz. Hier Jugoslawienfeldzug 1941. Ein MG.-Wagen des (ehem.) Kavallerie-Regiment 9, Fürstenwalde, zeigt sich den Schluchten des Balkan nicht gewachsen.

Unten: Ab 1939 wurden der Kavallerie die Sonder-Kfz. 221 und 223 als Panzerspähwagen zugewiesen, allerdings in sehr geringer Stückzahl, so daß nur wenige Panzerspähtrupps damit ausgestattet werden konnten.

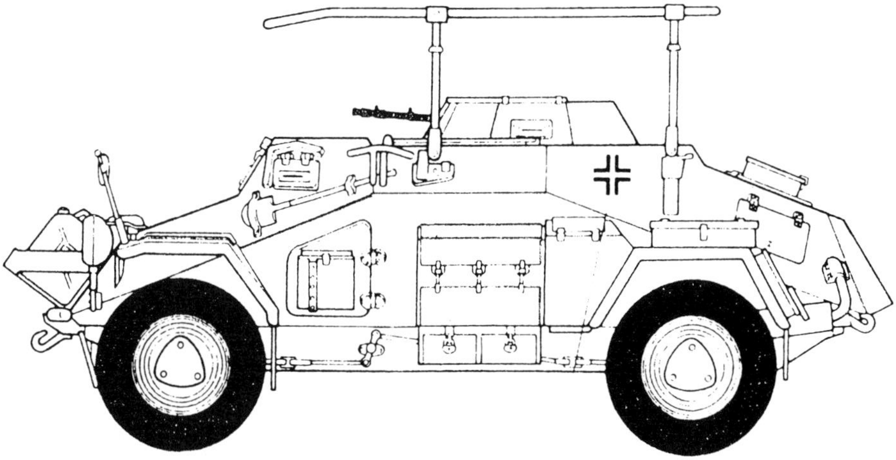

Das technisch verbesserte Sonder-Kfz. 221 verfügte neben der günstigeren Form über einen Drehturm mit MG. 34, das Sonder-Kfz. 223 als Funkwagen wiederum über eine klappbare Rahmenantenne.

Das Kav.-Rgt. 6 z. B., erhielt zu den vorhandenen Kfz. 13 nur Sonder-Kfz. 223 als Funkwagen zugewiesen.
Der schwarze (Panzer-) Feldanzug wurde bei der Kavallerie später nicht mehr getragen.

Die Nachrichten-Züge

Die Nachrichten-Züge der Kavallerie waren ursprünglich mit Fernsprechwagen und Nachrichtengerätwagen ausgestattet. Diese Art der Beweglichmachung wurde nur bei den Reiter-Regimentern im Rahmen der 1. Kavallerie-Brigade, später -Division beibehalten.

Bei den berittenen Truppen wurden die Fernsprechleitungen zu Pferde verlegt. Dabei waren die Angehörigen der Fernsprechtrupps, neben ihrem Fernmeldegerät, im Einsatz ebenso ausgerüstet, wie die Karabinerschützen der Reitergruppe.

Unten: Das Verlegen des Feldkabels zu Pferde war nicht einfach. Es setzte ein gehöriges Maß an Übung und Geschicklichkeit voraus.

Die berittenen Funktrupps waren mit dem Tornisterfunkgerät b ausgestattet. Sie konnten den Reiterspähtrupps beigegeben werden und hielten durch Tastfunk Verbindung zur Gegenstelle bei Schwadron oder Abteilung.

Das Tornisterfunkgerät b auf Truppen-Kfz. montiert. Kav.-Rgt. 13, mot. Staffel der Nachrichten-Schwadron.

Im Jahr 1940 wurden auch bei den beiden Reiter-Regimentern der Waffen-SS Nachrichten-Züge aufgestellt, wobei zunächst das Heer ausgebildete Funker und Fernsprecher abstellte. Funkübung des Nachrichten-Zuges / SS-Reiter-Rgt. 1 im Frühjahr 1941 in Polen.

Das Tornisterfunkgerät auf Packpferd verlastet.

Mit dem Aufbau motorisierter Züge und Schwadronen 1936 wurden auch die Nachrichten-Züge der Kav.- und Reiter-Rgtr. teilmotorisiert.
Motorisierter Fernsprechtrupp des Nachrichten-Zuges / Reiter-Rgt. 1 mit Kfz. 12, Stoever M 12.

Bei den motorisierten Fernsprechtrupps wurde vielfach das Kfz. 15 verwendet, dessen Standardtyp der Horch 830 war. Dieses bewährte Fahrzeug, welches von 1933-38 hergestellt wurde, war teilweise noch in der zweiten Kriegshälfte im Einsatz.

Im Zuge der Vergrößerung des Heeres mußten jedoch auch handelsübliche Kfz. in Dienst gestellt werden. Fahrzeuge der Nachrichten-Schwadron des Kav.-Rgt. 13 anläßlich der Parade am 20. April 1939 in Lüneburg. Am linken Kotflügel das takt. Zeichen der 11. / K.R. 13 (tmot.).

Unten: Die mot. Staffel des Nachrichten-Zuges eines SS-Kav.-Rgt. der 8. SS-Kav.-Division 1942. Gut erkennbar Truppenkennzeichen und taktisches Zeichen auf den Kotflügeln des ersten Fahrzeuges.

Ein Nachrichten-Zug der 1. (Ostpr.) Kavallerie-Brigade während des Polenfeldzuges 1939.
Bei sechsspännigem Zug konnten auch schwierigere Wegeverhältnisse recht gut gemeistert werden.

Unten: Der Nachrichten-Zug des Reiter-Rgt. 2 während des Vormarsches in Rußland 1941.
Im Osten war auch für die vergleichsweise leichten Nachrichten-Fahrzeuge ein sechsspänniger Vorspann unerläßlich.

Funktrupp (mot.) der Nachrichten-Schwadron Kav.-Rgt. 13 im Jahr 1939.
Der Funktruppenführer trägt noch den »Kavalleriehelm«, der Oberreiter hinter ihm den Stahlhelm M 18, die beiden Reiter rechts im Bild den Stahlhelm 35. Alle Soldaten des Trupps sind mit dem wenig beliebten »Schnallenstiefel« ausgestattet, der zwischen 1933 und 1935 eingeführt worden war, jedoch danach nicht mehr hergestellt wurde. Die Kfz. weisen keine takt. Zeichen auf.

Unten: Motorisierter Nachrichten-Zug des Kav.-Rgt. 13 mit vier Kraftfahrzeugen verschiedenen Typs. Lüneburg 1938.

Die Kavallerie sollte in der Lage sein, Gewässer auch ohne Hilfe von Pionieren rasch zu überwinden. Dazu mußte jedes Reiter- oder Kavallerie-Rgt. jährlich mindestens eine größere Übersetz-Übung durchführen. Hier, Übersetzen mit beigebrachten Hilfsmitteln. Einige Reiter tragen noch die Feldmütze des Reichsheeres. In der Bildmitte der Schwadronstrompeter, erkenntlich an seinen Schwalbennestern.

Unten:
Im Regelfall standen für das Übersetzen große und kleine Floßsäcke zur Verfügung. Im Bild ein großer Floßsack, die Reiter mit der Feldmütze des Reichsheeres.

Je vier Pferde zogen einen Floßsack durch ihre Schwimmbewegungen zum anderen Ufer. Dieser Floßsack weist noch die Tarnfarben des Reichsheeres auf.

Floßsack mit Fahrern und Zugpferden der Bespannfahrzeuge. Die Pferde sind auf Doppelringtrense gezäumt.

Deutsche Reiterhefte
HEFT 21 · 6. JAHRGANG · BERLIN, 10. OKTOBER 1941

Ein kleiner Floßsack wird zu Wasser gebracht. Dieser konnte bei 3 m Länge drei Mann mit ihrer Ausrüstung aufnehmen.

Während die Reiter mit ihren Pferden Gewässer auch schwimmend überwinden konnten, wobei Ausrüstung und Sattelzeug in einem »Zeltbahnbündel« mitgezogen wurden, waren Radfahrer und Motorisierte stets auf Übersetzmittel angewiesen. Übersetzen eines B-Krades der Radf.-Schwadron.

Floßsäcke dienten auch zum Herstellen von Kriegsbrücken, die das Überwinden von Gewässern erheblich beschleunigten.

Unten: 22. Juni 1941. Die große Feldküche der Reiterschwadron einer Aufklärungs-Abteilung setzt über den Bug.

Die Kavallerie der Wehrmacht verfügte über ein vorzügliches Pferdematerial. In keiner Armee der Welt wurden die Truppenpferde mit einer derartigen Sorgfalt ausgewählt, ausgebildet , gepflegt und versorgt wie traditionell in der deutschen. Dafür blieben sie auch länger truppentauglich als in vielen anderen Armeen.

Eine ähnliche Sorgfalt wurde im Frieden der Reitausbildung bei der Kavallerie und, mit gewissen Abstrichen, auch bei der Artillerie gewidmet. Wenngleich der Zeitaufwand von ursprünglich 3.000 Ausbildungsstunden pro Reiter in der Wehrmacht auf Grund der relativ kurzen Wehrpflicht nicht mehr aufrecht erhalten werden konnte, so ließ dennoch die Reitausbildung bei den beiden aufgeführten Waffengattungen hinsichtlich Kompetenz und Solidität nichts zu wünschen übrig.

Die Ausbildung der Reit- und Zugpferde aller anderen berittenen und bespannten Truppen erfolgte größtenteils in den Wehrkreis-Reit- und Fahrschulen, wodurch im Prinzip nahezu die gesamte Remonte-Ausbildung in der Wehrmacht durch die Kavallerie vorgenommen wurde.
Ausbildung junger Remonten an der Wehrkreis-Reit- und Fahrschule Dillingen/Donau.

Remonten wurden dreijährig durch eigens dafür eingerichtete Kommissionen angekauft, kamen danach für ein Jahr in ein Remonteamt, wo sie ohne jegliche Arbeit auf einen gleichmäßig guten Futter- und Pflegezustand gebracht wurden. Erst mit vier Jahren setzte die Ausbildung ein. Diese umfaßte zwei weitere Jahre, wobei im ersten Jahr (= junge Remonte) nur die besten Reiter der Schwadron eingesetzt und den Pferden keine anstrengenden Leistungen abverlangt wurden. Erst im zweiten Ausbildungsjahr (= alte Remonte) führte man die jungen Truppenpferde an die Anforderungen des eigentlichen Dienstes heran.

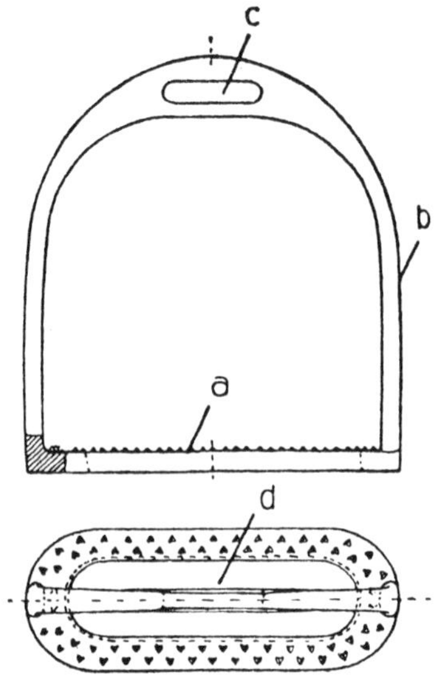

Steigbügel

Die Steigbügel sind aus Flußstahl hergestellt. Sie bestehen aus der gerauhten Sohle (a) und aus dem Bügel (b), in dem sich oben die Öse (c) für den Steigriemen befindet. Die Sohle ist mit einem Ausschnitt (d) versehen.

Steigriemen.

Die Steigriemen (in drei Größennummern) sind an dem einen Ende mit einer Doppelschnalle mit Dorn (a) ohne Schlaufe,. an dem anderen zugespitzten Ende mit 16 Schnalllöchern versehen.

Der Umschlag für die Doppelschnalle ist durch Riemen aus Transparentleder festgestochen. Bei den Steigriemen liegt die Fleischseite des Leders nach außen

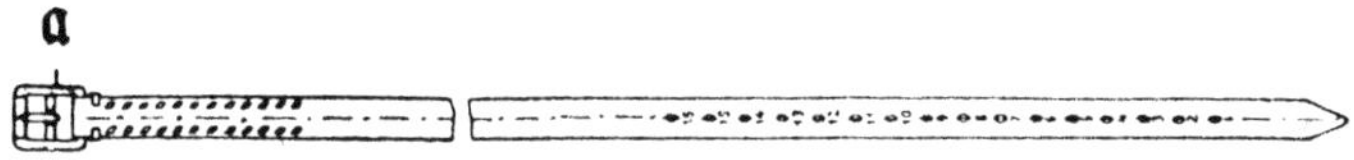

Auch nach dem zweijährigen Remonte-Dasein, wurde die Ausbildung der Truppenpferde kontinuierlich fortgesetzt, wobei besonders der Dressur großer Wert beigemessen wurde. Reitlehrer des Kavallerie-Rgt. 5 mit einem gut veranlagten und bereits weit geförderten Truppenpferd, welches auf die im Heer weniger häufig verwendete Kandare mit geradem Anzug gezäumt ist.

R I = Reitpferde für Offiziere,
KR = Reitpferde für Kavallerie und Reiterzüge der Infanterie,
R = Reitpferde für die übrigen Waffengattungen,
Z I = Artillerie-Stangenpferde,
Z = Mittel-, Vorder- und MG.-Pferde,
sZW = schwere Zugpferde für die Artillerie,
sZK = schwere Zugpferde für die übrigen Waffengattungen,
ssZ = schwerste Zugpferde (Kaltblüter).

Klassifizierung der Truppenpferde ab 1936, entsprechend den verschiedenen Verwendungen, bzw. Waffengattungen.

Zwei sehr typische »Reitpferde für Offiziere« (R I) des Reiter-Rgt. 2, Angerburg / Ostpreußen. Bei eher mittlerer Größe zeigen sie hohen Adel und korrekte, trockene Beine. Sie weisen in ihrer Gesamterscheinung auf eine überdurchschnittliche Leistungsfähigkeit hin.

Angekaufte ssZ = »schwerste Zugpferde« (Kaltblüter). Im Reichsheer wurden Kaltblüter nicht verwendet. Da in der Wehrmacht die zu bewegenden Zuglasten immer schwerer wurden, andererseits die im Lande erzeugten warmblütigen Pferde zur Remontierung der Wehrmacht nicht mehr ausreichten, wurden ab Mitte der 30er Jahre auch Kaltblüter eingestellt. Während des Krieges erhielt auch die Kavallerie vereinzelt Kaltblüter als Zugpferde für Gespannfahrzeuge zugewiesen.

Pferdestall des Kavallerie-Rgt. 6, Schwedt/Oder 1936. Sattel- und Zaumzeug wurden mit dem Woilach abgedeckt.

Linke Seite unten: Pferdeappell. Der Veterinäroffizier untersucht ein Truppenpferd.

Unten: Ein im Frankreichfeldzug erbeutetes Reitpferd nordafrikanischer Spahi-Regimenter. Diese Berber-Pferde wurden bei der Kapitulation der französischen Armee in größerer Zahl von der Wehrmacht übernommen und ab 1943 der wiederaufgestellten Heereskavallerie zugewiesen.

»K R« - Pferde des Reiter-Rgt. 11, Neustadt / Oberschlesien. Dieses Regiment wurde 1934 als eines der ersten motorisiert und in die Kradschützen-Bataillone 1, 2 und 3 umgerüstet.

Pferde, die sich als Reitpferde nur wenig eigneten, wurden zumeist als Packpferde in den MG.- oder Nachrichten-Zügen eingesetzt.
MG. 34 als Mittellast auf Packsattel 33. Als Seitenlasten sind je zwei Patronen-Kästen angebracht.

Packſattel 33

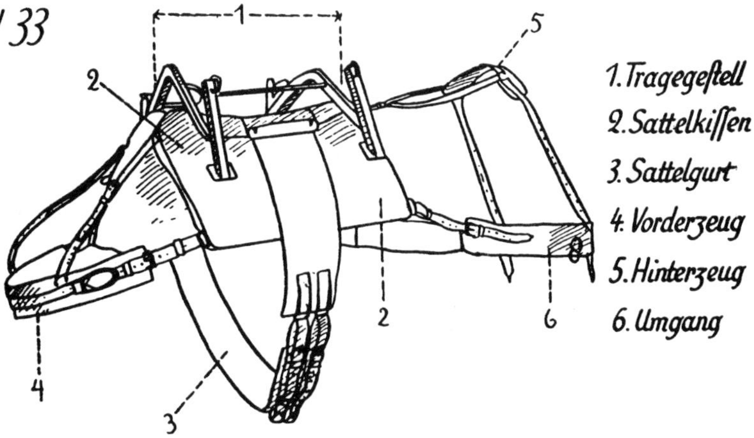

Tragegeſtell

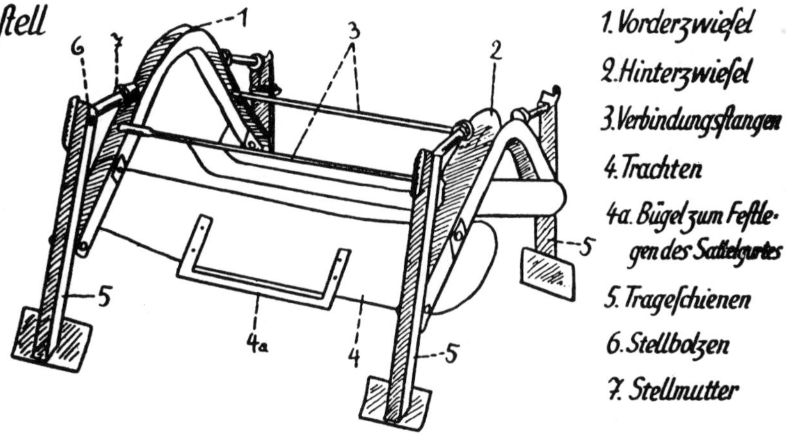

Packpferd mit Packsattel 33 und Reitpferd mit Packtasche 34. Bei dem Packsattel ist das Tragegestell sowie der »Umgang« gut erkennbar.

Die Packordnung des Pferdegepäcks wurde während des Feldzuges häufig verändert. Der Schimmel z. B. trägt ein umfangreiches Vordergepäck, welches im Frieden nicht vorgesehen war, um Widerristdruck zu vermeiden.
Der Reiter des Braunen hat zwischen den beiden Packtaschen ein weiteres Gepäckstück aufgeschnallt.

Der Strähnensattelgurt. Er bestand im Gegensatz zum Schurensattelgurt aus acht breiten Strähnen, die durch drei Lederschlaufen zusammengehalten wurden. Er sollte an und für sich »aufgebraucht« werden, war aber neben dem Schurensattelgurt auch noch während des Krieges in Verwendung.

Pferdestall für Zugpferde, die vom Sattel gefahren werden. Die Sättel weisen Schurengurte auf, die Trensen das Doppelringtrensengebiß, welches bei Zugpferden vielfach an Stelle der Kandare verwendet wurde.

Als Sattelunterlage diente im allgemeinen der Woilach, eine grobe Decke. Der Sattel ist mit Vorderzeug und Schurensattelgurt versehen, der Reiter ein Obergefreiter und Unteroffiziersanwärter des Kavallerie-Rgt. 5, Stolp / Pommern.

Zur feldmäßigen Ausrüstung des Reitpferdes gehörte das Hintergepäck, welches aus dem Reiterfuttersack mit darüber geschnalltem Mantel oder der Zeltbahn bestand.

Diese Reiter sind 1936 noch mit dem Lederbehälter für das Kochgeschirr versehen, welcher am Sattel hinten rechts befestigt war. Dieser wurde, ebenso wie der Reiterfuttersack, im Rahmen der Gepäckerleichterung der Kavallerie später abgeschafft.

Unten: Im Jahr 1938 war die Kavallerie bereits weitgehend modernisiert worden, äußerlich erkennbar an dem Stahlhelm 35, der überwiegend getragen wurde, sowie an der Feldbluse.
Reiterschwadron des Kav.-Rgt. 13 auf dem Marsch zu einer Gefechtsübung. Das Helmband kennzeichnet sie als »rote« Partei. Der Wachtmeister vorn rechts trägt das Abzeichen für Fahnen- und Standartenträger am Oberarm.

Bei schnellen Verlegungen über eine Entfernung von 60 km bis 200 km wurde für die Kavallerie-Einheiten der Kraftwagenmarsch häufig dem Eisenbahntransport vorgezogen.
Die berittene Staffel des Nachrichtenzuges einer Aufkl.-Abt. während des Einmarsches in das Sudetenland 1938.

Pferdeausrüstung der Waffen-SS Kavallerie zu Beginn des Krieges. Packtasche 34 am Sattel vorn, stark vergrößertes Hintergepäck. Feldflasche am Sattel hinten links.

Reiter des Kavallerie-Rgt. 15, Paderborn, beim Haferempfang während einer Übung. Die Haferration wurde in den Tränkeimer ausgegeben, der überwiegend als Futterbeutel genutzt wurde.

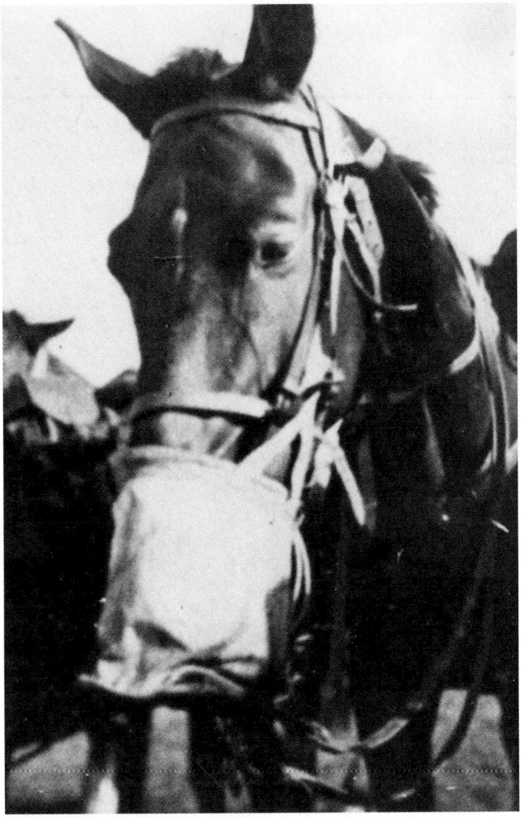

Füttern der Pferde aus dem übergeschnallten Tränkeimer.

1941 wurde im Rahmen der Gepäckerleichterung ein Futtersack neuer Art eingeführt, der vom Pferd vor der Brust getragen wurde. Reiter-Rgt. 2 im Frühjahr 1941 in Polen während einer Übung.

Reiter während des Rußlandfeldzuges 1942. Eine Stielhandgranate ist auf die linke Packtasche 34 geschnallt, das Pferd nur auf Trense gezäumt und mit dem Futtersack neuer Art versehen.

Um das Tempo der Reiter mithalten zu können, wurden die schweren Waffen der Kavallerie, zum Teil auch die Gefechtsfahrzeuge, sechsspännig gefahren. (Manöverbild).

Auflegen des Sielengeschirrs 25.

Sielengeschirr 25 für das Fahren vom Sattel. Das Gespann setzte sich aus Stangen-, Mittel- und Vorderpferden zusammen.

Bespannte Gefechtsfahrzeuge und Packpferde waren für den Einsatz der Kavallerie unerläßlich.

Einfahrwagen der Wehrkreis-Reit- und Fahrschule Dillingen / Donau 1942.
Die Pferde kamen vierjährig völlig roh in diese Ausbildungseinrichtung und wurden dort soweit ausgebildet, daß sie von der Truppe anschließend als junge Remonten eingesetzt werden konnten.

Nach dem Einfahren wurden die Pferde an die Gefechtsfahrzeuge gewöhnt, hier der Hf. 1, sowie an die unterschiedlichen Geländeverhältnisse.
Wehrkreis-Reit- und Fahrschule Dillingen/Donau 1940.

Unten: Die Protze war als Vorderwagen unerläßlich für jedes einachsige Gefechtsfahrzeug, mit Ausnahme des Infanterie-Gefechtskarrens.

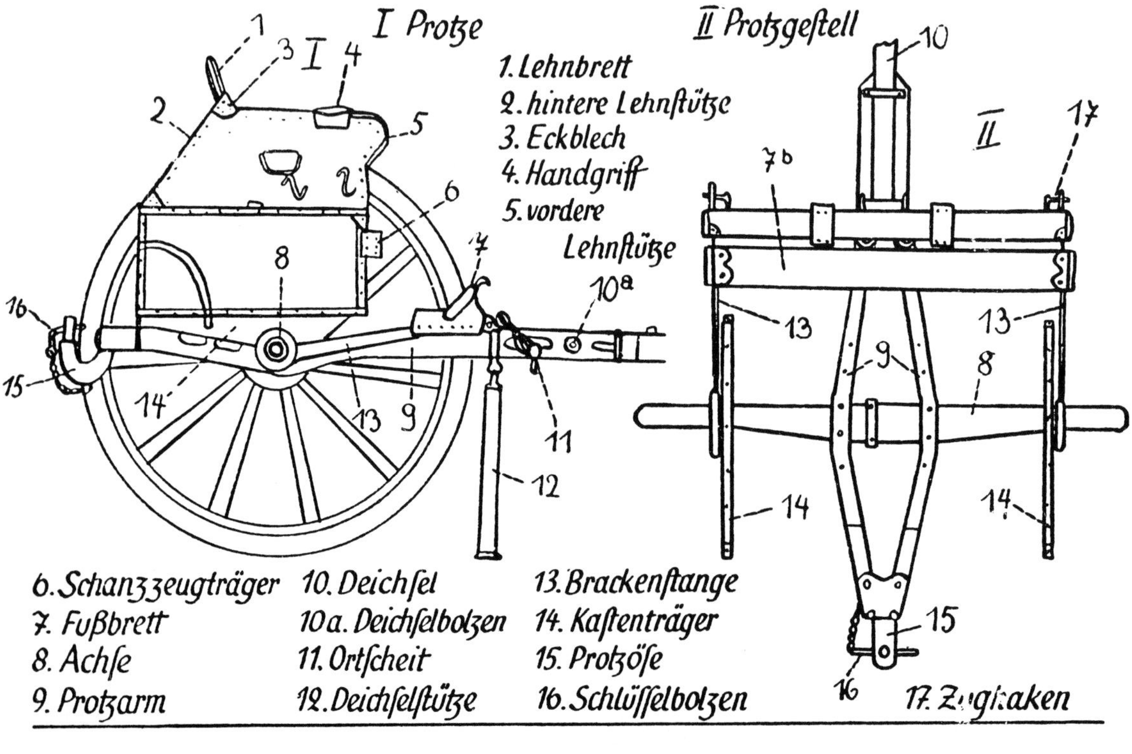

Zum Troß jeder Reiterschwadron gehörte eine Feldküche, die hinter einer Protze gefahren wurde.

Rückfront der großen Feldküche. Kavallerie-Rgt. 15, Paderborn.

Feldküche beim Troß eines Reiter-Rgts. der 1. Kav.-Division, Frankreich 1940.

Auf die Protze wurde ein »großer Protzfuttersack« geschnallt. Er war 1.86 m lang, 75 cm breit und faßte 75 kg Hafer.

Bei winterlichen Verhältnissen konnte die Feldküche von der Achse getrennt und behelfsmäßig auf Schlitten verlastet werden. SS-Kavallerie-Brigade Fegelein, Februar 1942.

Die Feldküche (System Senking) zum Anhängen an Kraftfahrzeuge. Der Speisekessel hatte einen Inhalt von 250 Litern. Feldküchen dieser Art wurden bei den Radf.-und den schweren Schwadronen (mot.) verwendet.

Zum Troß jeder Reiterschwadron gehörte weiterhin ein großer Fahnenschmiedwagen, zumeist ein Hf. 2. Ab 1939 wurden dafür auch Stahlfeldwagen Hf. 7 eingesetzt. Beschlagschmiede des Reiter-Rgt. 2 bei ihrer Arbeit. Holland 1940.

Unten: Zweiergespann vor dem leichten Feldwagen Hf. 1, dem häufigsten Gefechtsfahrzeug der berittenen und bespannten Truppen. Sielengeschirr 25 für das Fahren vom Bock.
Kavallerie-Rgt. 5, Stolp.

Der leichte Feldwagen Hf. 1. Er hatte ein Leergewicht von 610 kg und eine Tragfähigkeit von 750 kg.

Der Hf. 1 einer Schwadron des Reiter-Rgt. 21 / 1. Kav.Div. während des Rußlandfeldzuges 1941.

Es war üblich und zweckmäßig an den Gefechtswagen Hf. 1 und Hf. 2 ein Reserverad mitzuführen. Frankreichfeldzug 1940.

Unten: Der schwere Feldwagen Hf. 2 wog 800 kg und konnte 1200 kg Zuladung aufnehmen. Bei diesem Gewicht war mindestens ein vierspänniger Zug erforderlich, wobei zumeist ssZ-Pferde (Kalbblüter) verwendet wurden.

Auch beim vierspännigen Zug war es für Pferde und Fahrer des Hf. 2 nicht einfach, mit schwierigem Gelände fertig zu werden.

Der Bock eines Hf. 2 mit dem Truppenkennzeichen der 1. Kavallerie-Division. Rußland 1941. Der Soldat rechts ist, erkenntlich an den Sporen, eigentlich Fahrer vom Sattel.

Der schwere Feldwagen Hf. 2 war wegen seines hohen Gesamtgewichts für den Einsatz in der Reiterschwadron weniger geeignet. Er fand dagegen häufiger Verwendung bei den (Nachschub-) Kolonnen, bzw. bei den Fahrschwadronen.

Unten: Ein großer Teil der Trosse, aber auch der Fahrzeuge der Kolonnen und Nachschubtruppen war im Frieden bei der Truppe nicht vorhanden. Sie wurden erst bei Mobilmachung nach dem Reichsleistungsgesetz zum Dienst in der Wehrmacht herangezogen. Es handelte sich dann um landesübliche oder handelsübliche Fahrzeuge. Leichte Fahr-Kolonne mit landesüblichen Fahrzeugen 1940.

Kurz vor Ausbruch des II. Weltkrieges erhielten die berittenen und bespannten Truppen eine größere Anzahl von Stahlfeldwagen, die gummibereift waren, zugewiesen. Die Zeit bis zum Beginn des Einsatzes reichte aber nicht mehr aus, um Erfahrungen mit diesen neuartigen Gefechtsfahrzeugen zu sammeln.

Der Stahlfeldwagen, der dienstlich als »großer Gefechtswagen Hf. 7/11« eingeführt wurde, hatte ein Eigengewicht von 1040 kg und eine Tragfähigkeit von 1720 kg. Er konnte praktisch nur vierspännig bewegt werden, und verursachte schon im Westfeldzug beim Überwinden von Hindernissen erhebliche Schwierigkeiten.

Bei den unzulänglichen Straßen- und Wegeverhältnissen in Rußland wirkten sich Bauart und Gewicht des Gefechtsfahrzeuges eher nachteilig und belastend aus, weshalb sich die Truppe, wo immer möglich, mit landesüblichen, leichten Bespannfahrzeugen ausstattete.

Typische Szene während des Vormarsches in Rußland 1941. Neben motorisierten Einheiten, Radfahrern und Reitern, die bespannten Gefechtsfahrzeuge. Im Vordergrund ein leichter Gefechtswagen Hf. 1, zweispännig gezogen.

Die 1943 wiedererrichtete Heereskavallerie sollte durchgehend mit dem neuen MG. 42 ausgerüstet werden. Diese Forderung konnte letztlich jedoch nicht erfüllt werden.
Von r. n. l.: Gen.Feldmarschall von Kluge, Major von Boeselager und Rittmeister von Boeselager bei der Besichtigung von Waffen und Gerät, welches dem Kav.-Rgt. Mitte zugewiesen worden war.

Diese Aufnahme eines Übungsschießens während der Aufstellungsphase des K.R.M. 1943 zeigt, daß nach wie vor der Karabiner 98k und das MG. 34 die Bewaffnung der Reiterschwadronen darstellten. Der Wachtmeister am linken Bildrand ist mit der Pistole 08 ausgerüstet. Die Pistole 38 war bei der Kavallerie nur selten anzutreffen.

9-mm-Pistole Walther „P 38"

Die Pistolentaschen der 08 (links) und der P38.

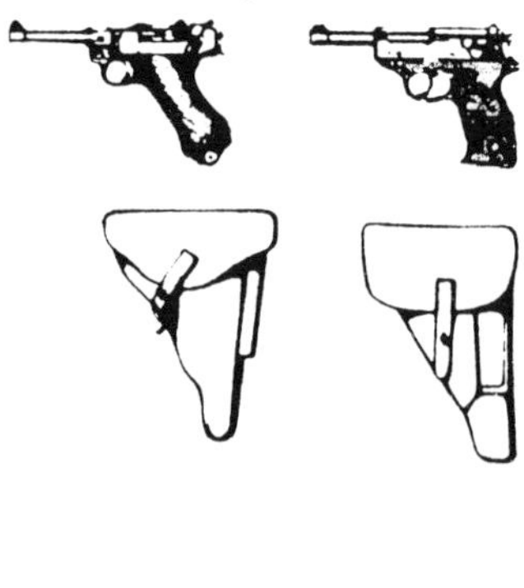

Zur Erleichterung der Versorgung wurden die neuen Kavallerie-Regimenter mit einer Anzahl von Kettenkrädern ausgestattet.

Fahrzeuge der I. Abteilung des K.R.M. im Herbst 1943 auf dem Marsch von Strygalow nach Dolsk.

Angehörige des Kavallerie-Regiments-Mitte im Winter 1943 / 44. Ohne Kraftfahrzeuge konnte auch die wiedererstandene, moderne Kavallerie nicht auskommen. Die Bekleidungssituation hatte sich gegenüber 1941 / 42 entscheidend verbessert. Wie alle Kampftruppen waren auch die Kavalleristen mit dem beidseitig zu tragenden Tarnanzug ausgestattet.

Rechts:
Für extreme Witterungsverhältnisse gab es den Winteranzug in drei Ausführungen. Hier Winterjacke mit angenähter Kapuze und Oberarm-Dienstgradabzeichen, die mit Verfügung vom 22.8.1942 eingeführt worden waren. Dienstgrad: Leutnant.

Die Erkundungszüge der Reiter-Regimenter verfügten teilweise über VW-Schwimmwagen, was deren Leistungsfähigkeit sehr positiv beeinflußte.
Schwimmwagen mit aufgeschnallter Tarnplane. Reiter-Rgt. 32 im Winter 1944 / 45.

Die schwerste Waffe jeder Reiter-Abteilung war die Granatwerfer-Schwadron mit 12 Werfern (8 cm) und einer Stärke von 231 Mann / 254 Pferden.
Ausbildung an s.Gr.W. 34 in Rußland 1944.

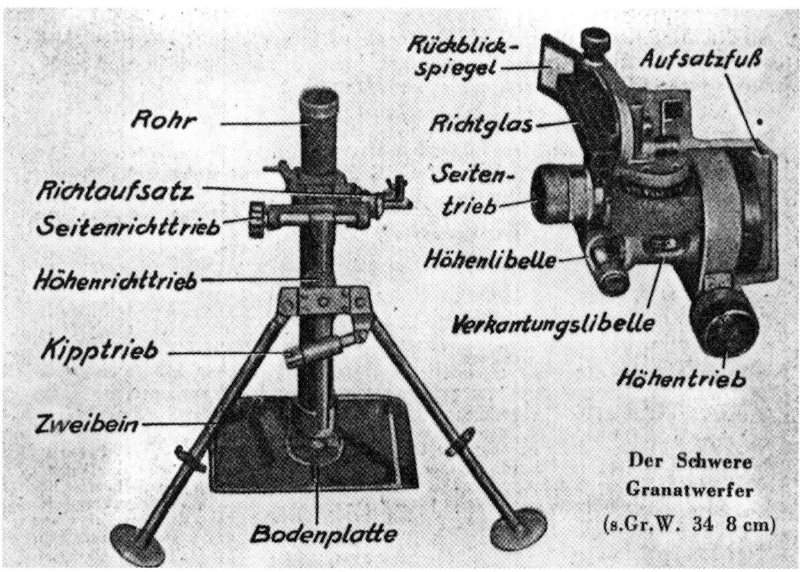

Der schwere Granatwerfer 34.

Für die Beweglichmachung der Granatwerfer wurden leichte, einachsige Bespannfahrzeuge hergestellt, die im Tandemzug auch schmalste Wege befahren konnten. Kavallerie-Regiment-Mitte.

Eine wesentliche Verstärkung der Kampfkraft erfuhren die Reiterschwadronen durch die Einführung der MPi.43, die später die Bezeichnung Sturmgewehr 44 erhielt. Kavallerie-Rgt. 5 in Rußland.

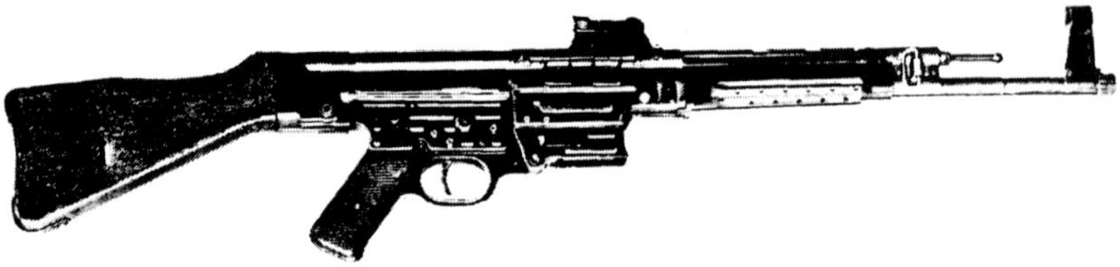

Die 7,92-mm-MP 43, MP 44 und StG 44

Die Maschinengewehr-Schwadronen blieben weitgehend mit dem s.MG. 34 ausgerüstet. Vermutlich aus Gründen der allgemeinen Materialknappheit wurde der Kavallerie das MG. 42 nicht in vollem Umfang zugewiesen. MG.-Schwadron des Reiter-Rgt. 32, Rußland 1944.

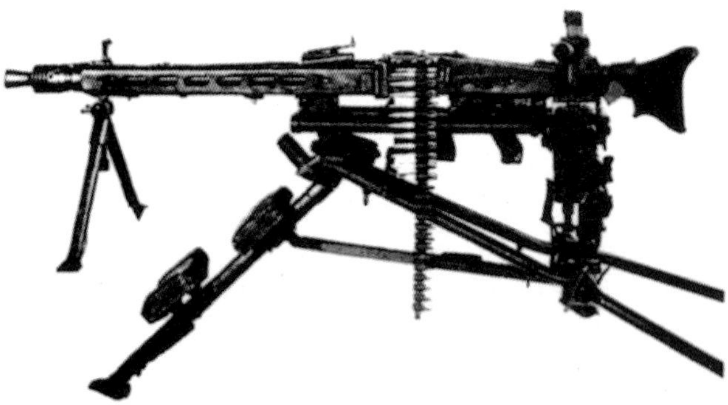

Das MG. 42 als schweres Maschinengewehr.

Dem 1944 aufgestellten I. Kavallerie-Korps wurde neben der 3. und 4. Kavallerie-Brigade auch die 1. ungarische Kavallerie-Division unterstellt.

Diese ungarische Kavallerie-Division entsprach in Bewaffnung und Ausrüstung nicht den Erfordernissen der zweiten Kriegshälfte. Interessant erscheint die Ausrüstung des Reiters in der Bildmitte. Er führt am Sattel eine Art Streitaxt mit. Rußland 1944.

Erst 1943 gelang es aus den zahlreichen Kosaken-Formationen, die als Hilfswillige in der Deutschen Wehrmacht Dienst taten, eine Kavallerie-Division aufzustellen. Zu der deutschen Feldbluse trugen die Kosaken ihre traditionelle Pelzmütze, teilweise mit deutschem Hoheitsabzeichen.

Für besondere Anlässe wurde eine Kosaken-Uniform eingeführt, die sehr stark der des zaristischen Rußlands entsprach.

Trotz der Zuführung von schweren Waffen waren die Kosaken-Verbände in erster Linie Sicherungstruppen, die aber auch offensiv zur Partisanenbekämpfung eingesetzt werden konnten. Die Verbände der 1. Kosaken-Kavallerie-Division verfügten über deutsches Rahmenpersonal, zum Teil bis zur Ebene der Unterführer.

Mai 1945. Das XV. Kosaken-Kavallerie-Korps kapituliert in dem von englischen Truppen besetzten Teil Österreichs, wird jedoch von diesen wenig später an die Sowjetunion ausgeliefert.

Die Kavallerie der Waffen-SS bestand im Jahr 1944 aus zwei kompletten Divisionen, die jeweils neben drei Kav.-Regimentern und anderen Verbänden einen starken Anteil an gepanzerten Truppen umfaßten. So eine PzAufkl.-Abt., eine PzJäger-Abt., eine Flak-Abt. und eine Sturmgeschütz-Abteilung. Letztere war aus der selbständigen Sturmgeschütz-Batterie hervorgegangen, die bereits seit 1942 zu der SS-Kav.-Division gehörte.
Verladung der Batterie für einen Einsatz bei Charkow im August 1943.

Die typische Ausrüstung der Waffen-SS-Kavallerie. Der rechte Reiter hält einen sogenannten »Fahreraal« unter dem Arm, welcher ihn als Fahrer vom Sattel ausweist.

Abgesessene Kavalleristen der Waffen-SS gehen zum Angriff vor. Der Offizier (zweiter von rechts) trägt eigene Reitstiefel mit hartem Schaft und eigene Reithosen.

Angehörige der SS-Sanitäts-Abteilung 8 (8. SS-Kav.-Div.) bei der Versorgung eines Verwundeten auf dem Gefechtsfeld. Das Foto zeigt besonders gut die Fleckentarnung der Helmüberzüge und Tarnjacken sowie die Trageweise der Tasche für die Pistole 08.

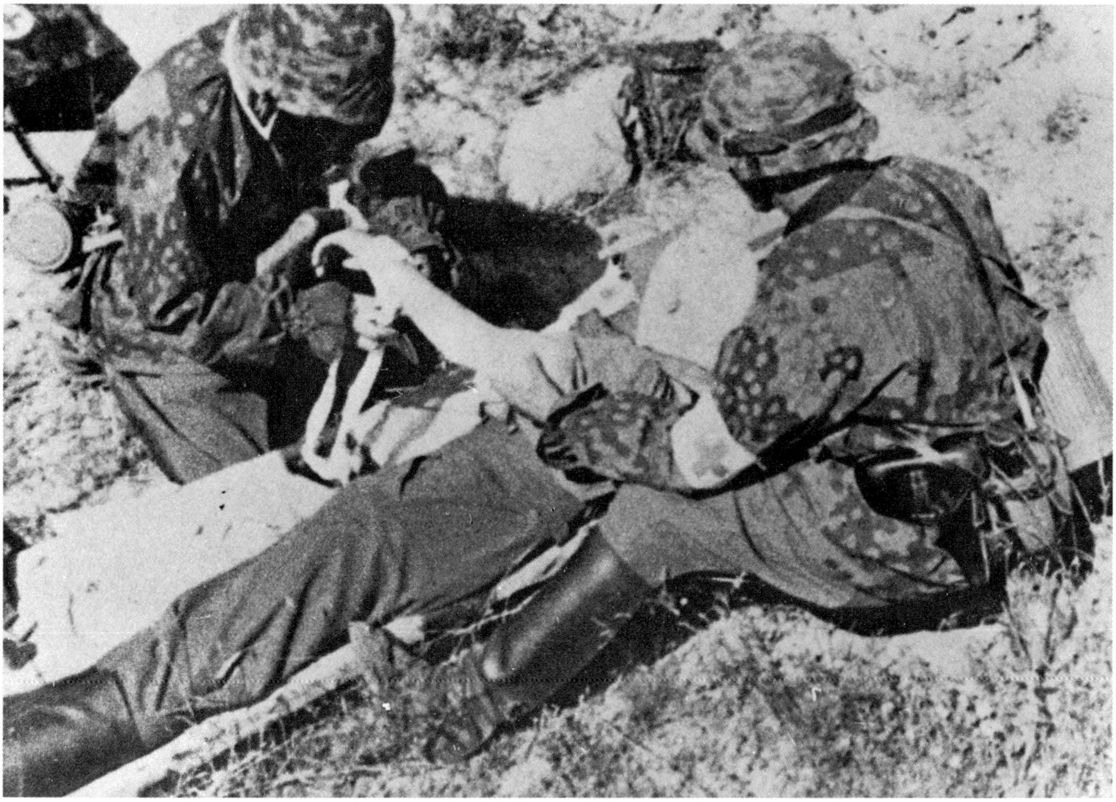

Eine 2 cm Flak der SS-Kav.-Brigade winterbeweglich gemacht, in den Kämpfen um Rshew, dem Eckpfeiler der Ostfront, im Winter 1942.

Die Sturmgeschütz-Batterie, wie später auch die Stu.G.-Abteilung der 8. SS-Kav.-Division war mit dem Stu.G. III Ausf. F oder G ausgerüstet.

Diese Fahrzeuge wurden auch als Sturmgeschütz 40 bezeichnet. Ihre Bewaffnung bestand aus einer 7,5 cm Stu.K. L/43 oder L/48 und einem MG. hinter Schutzschild. Der Angriff mit aufgesessenen Reitern war taktisch nicht sehr zweckmäßig, wurde aber, der Not gehorchend, fast zur Regel.

Die schweren Schwadronen erhielten ab 1942 die 5 cm Pak zugewiesen, die durch den Gleisketten-LKW »Maultier« beweglich gemacht wurde. Links das taktische Zeichen, rechts das Truppenkennzeichen der 8. SS-Kav.-Division »Florian Geyer«.

Sowohl die SS-Kav.-Brigade als auch die späteren Divisionen, oder Teile von diesen, waren im Einsatz häufig Heereskorps oder -Divisionen unterstellt, wodurch sich eine enge Zusammenarbeit ergab.
General von Studnitz, Kdr. der 87. Inf.-Division, zeichnet Offiziere und Reiter der Waffen-SS aus.

Wenngleich Tarnbekleidung bei der Kavallerie der Waffen-SS die Norm war, so wurde auch im Einsatz z. T. die Feldbluse weitergetragen. Ein Hauptscharführer als »Spieß« einer Reiterschwadron.

Im Gegensatz zur 3. und 4. Kavallerie-Brigade des Heeres, wurden bei den Kav.-Divisionen der Waffen-SS die l.IG. 18 in den schweren Schwadronen weiter verwendet.
Als Zugmittel dient hier ein Kfz. 18, an dem das Truppenkennzeichen der 8. SS-Kav.-Division, Pferdekopf und Schwert, besonders gut erkennbar ist.

Sturmgeschütz mit überbreiten Winterketten, eine seltene Aufnahme. Es handelt sich dabei um die Sturmgeschütz-Abteilung der 8. SS-Kav.-Division »Florian Geyer«. Die Sturmgeschütze wurden am 28.6.1944 in die Panzerjäger-Abteilung der Division eingegliedert.

Diese beiden Aufnahmen machen die Unterschiede der Fleckentarnung bei Heer und Waffen-SS besonders deutlich, links Generalmajor Holste, Kommandeur der 4. Kav.-Brigade,

...rechts SS-Obersturmführer Geier, Schwadr.-Chef in der SS-Kav.-Brigade.

Die bereits 1942 eingeführte Tarnbekleidung der Waffen-SS wurde in Farbgebung und Schnitt zum Vorläufer der Kampfanzüge vieler Armeen.

Reiter des SS-Kav.-Rgt. 17 im Anorakanzug, welcher eine vollständige Schneetarnbekleidung darstellte. Aus diesem Regiment wurde im Frühjahr 1944 die 22. SS-Frw.-Kav.-Division »Maria Theresia« errichtet.

»Verkabelung« (= Verteilen der Pferde) von Remonten bei der 3. Kav.-Brigade im August 1944 an der Ostfront. Während es in den letzten Kriegsjahren immer schwieriger wurde, die materiellen Ausfälle zu ersetzen, konnte der Ersatz an Pferden bis Kriegsende in befriedigender Weise sichergestellt werden.

Kavalleristen des Reiter-Rgt. 31 der 3. Kav.-Brigade 1944 in Rußland. Die Brigade, später Division, hatte trotz teilweiser Mechanisierung bis 1945 einen Bestand von 11.000 Pferden, was etwa 2/3 des Bestandes der ehem. 1. Kav.-Division 1941 entsprach.

Offiziere und Mannschaften des Kav.-Rgt. 5 »Feldmarschall von Mackensen« am Morgen des 11. Mai 1945, dem Tag der Kapitulation mit englischen Truppen in Österreich. Der Offizier am rechten Bildrand trägt am rechten Oberarm das Divisionsabzeichen, am Unterarm das Ärmelband des Regiments.

Anhang

Berittener Fernsprechtrupp bei der Ausbildung im Frieden.

Taktische Zeichen

Kavallerie.

- Stab eines Kavallerie- (Reiter) regiments
- Stab einer Aufklärungsabteilung einer Infanteriedivision
- Führer einer Schwadron
- Reiterschwadron
- Maschinengewehrschwadron
- Kavallerie-Geschützzug
- Reiterabmarsch
- Reiterspähtrupp
- Reiterfeldposten
- Radfahrerschwadron
- Kavallerie-Pionierzug (mot)
- Kavallerie-Nachrichtenzug
- Kavallerie-Nachrichtenzug (tmot)
- leichte Kavalleriekolonne
- Bewegungen von Kavallerie
- Kavallerie-Marschkolonne
- Radfahrerfeldposten
- Radfahrerspähtrupp

- Mann zu Pferd
- Mann zu Fuß
- Pferd
- Packpferd
- Schwadronsführer
- Zugführer
- Oberwachtmeister
- Führer Nachr.-Staffel
- Gewehrführer, Truppführer
- Trompeter
- Melder
- " zugl. Blinker
- Pferdehalter
- Richtkreisunteroffizier
- Scherenfernrohrträger
- Fernsprecher
- Entfernungsmesser
- Fahnenschmied
- M.G. Schütze 1
- M.G. Schütze 2 (3, 4)
- Waffenmeistergehilfe auf Rad
- Schreiber auf Rad
- Kraftradfahrer (m. Krad)

Weitere 1938 eingeführte taktische Zeichen

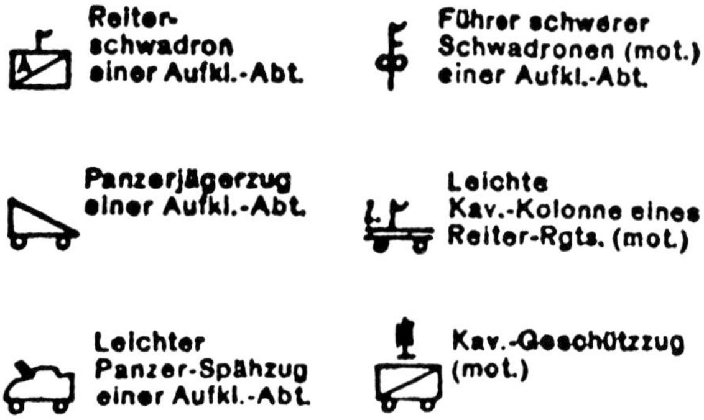

Bei Anfang des Krieges neu aufgestellten Kavallerie-Formationen fand der Karabiner 98b zum Teil wieder Verwendung. Der Offizier trägt hier eine private Pistole. Reiter, die als Besatzungstruppe an der französischen Kanalküste eingesetzt sind.

Heereskavallerie im II. Weltkrieg

Verband	wesentliche Zusammensetzung a) Kavallerie	b) Div.-Truppen	zeitlicher Einsatz
1. (Ostpr.) Kavallerie-Brigade	2 Reiter-Rgtr. 1 Radf.-Abt.	1 reit.Art.-Abt. 1 Pi.Kp 1 Nsch.Kp	1939
1. Kavallerie-Division	4 Reiter-Rgtr. 1 Radf.-Abt.	1 reit.Art.-Rgt. 1 Nachr.Abt. 1 Pi.-Btl, 1 PzJg.Kp Nsch./Verw.Dienste	1939-41
Kavallerie-Regimenter Mitte, Nord und Süd	3 Reiter-Abt.	1 Art.-Abt., 1 schw. Abt. Nsch./Verw.Dienste	1943-44
3. Kavallerie-Brigade u. 4. Kavallerie-Brigade (sp. Divisionen)	2 Reiter-Rgtr. 1 schw. Kav.-Abt. 1 Felders.-Abt.	1 PzJg.Abt. 1 Art.-Rgt. 1 Nachr.-Abt. 1 Pi.Kp Nsch./Verw.Dienste	1944-45
SS-Kavallerie-Brigade Fegelein	2 Reiter-Rgtr. 1 Radf.-Aufkl.-Abt.	1 reit.Art.-Abt. Pi.Kp., Nachr.Kp Fla.-Bttr. Nsch./Verw.Dienste	1941-42
8. SS-Kavallerie-Division (sp. »Florian Geyer«)	3,sp. 4 Kav.-Rgtr. 1 Radf.Aufkl.-Abt. sp. PzAufkl.-Abt.	1 PzJg.-Abt., 1 Art.-Rgt. 1 Fla-Abt., 1 Nachr.-Abt. 1 Pi.-Btl, 1 St.Gesch.. Bttr., sp. Abt. Vers. u. San.Truppen	1942-45
22. SS-Freiw.-Kav.-Division »Maria Theresia«	(geringfügige Abweichungen, sonst gegliedert wie 8. SS-K.D.)		1944-45
37. SS-Freiw.-Kav. Division »Lützow«	2 Kav.-Rgtr.	1 Art.-Abt. 1 Pi.-Btl Nsch./Vers.Dienste	1945

Heereskavallerie im II. Weltkrieg

1. Kosaken-Kav.-Division	6 Reiter-Rgtr. sp. 3 Reiter-Rgtr.	2 Art.-Abt. 1 Nachr.-Abt. 1 Pi.-Btl. Verw./Nsch.Truppen	1943-45
2. Kosaken-Kav.-Division	3 Reiter-Rgtr.	1 Art.-Abt. Pi., Nachr., Verw. und Nsch.Truppen	1945

Das Kavallerie-Regiment Mitte 1943

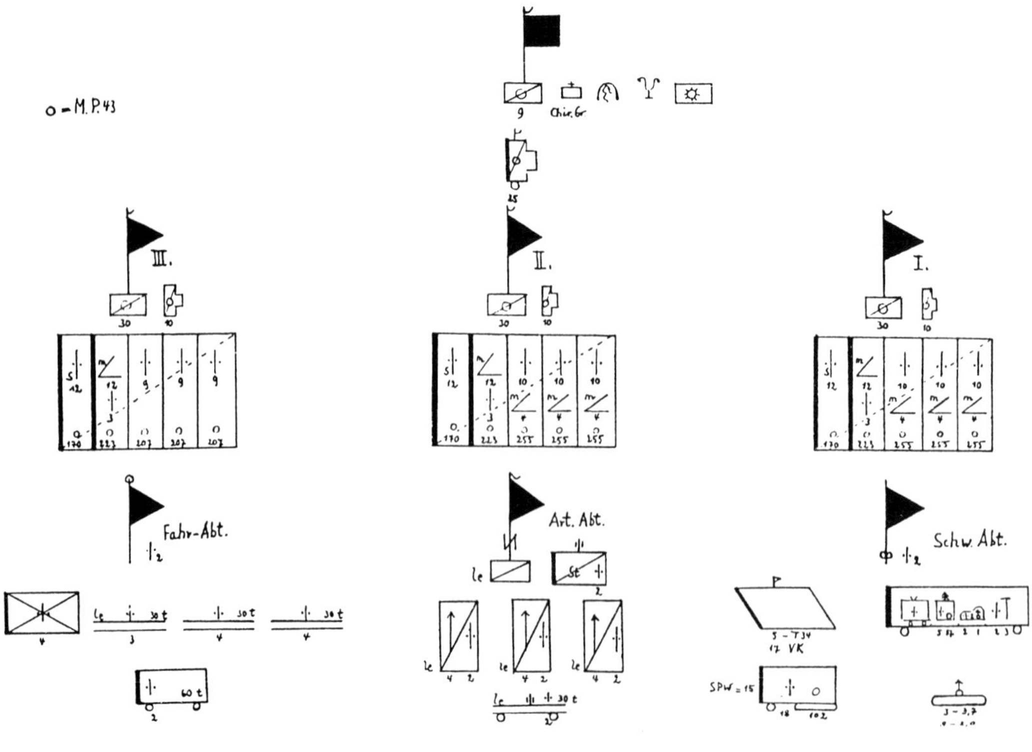

Die SS-Kavallerie-Division 1943

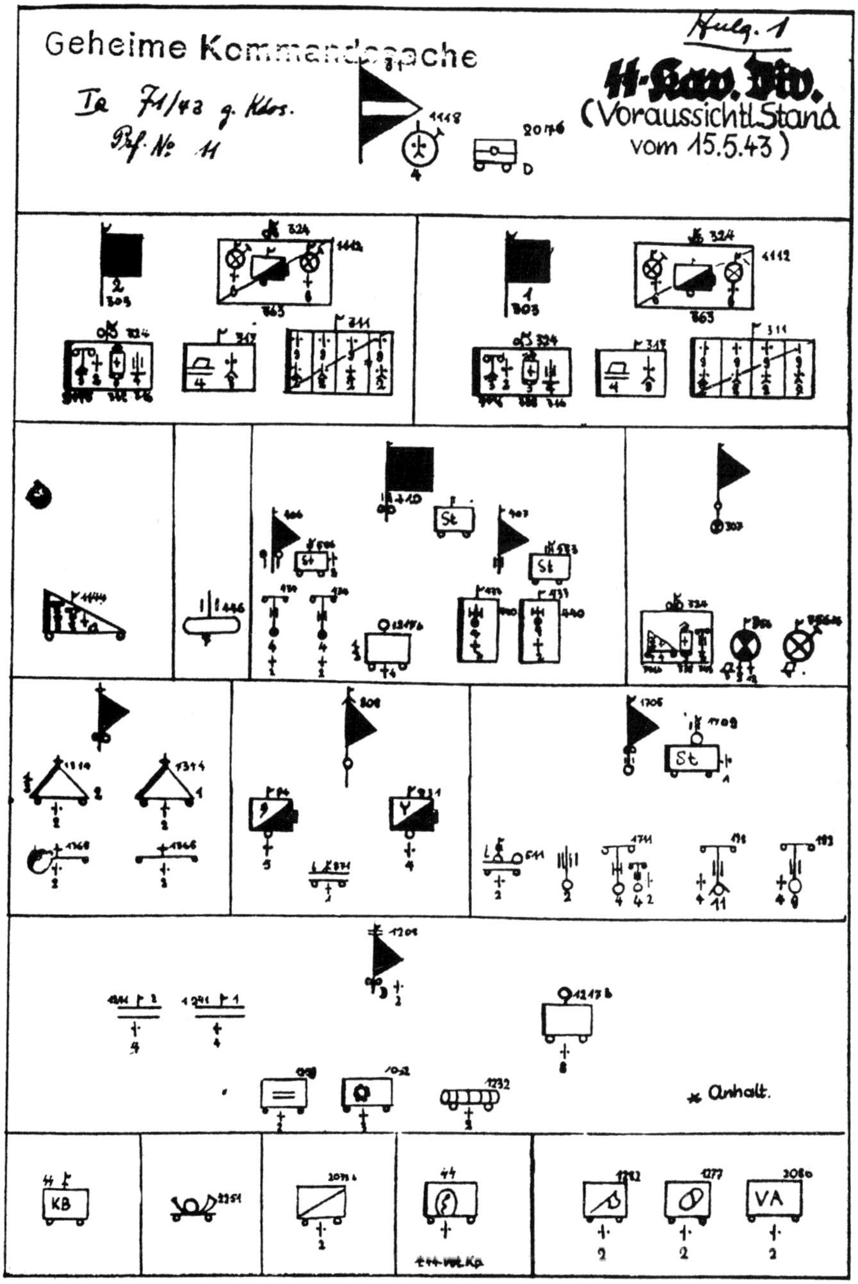

Stärke und Ausrüstungsnachweis eines Reiter-Rgts. 1944

KRIEGSSTÄRKENNACHWEISUNG (HEER)
KRIEGSETAT 44

Stab und Stabsschwadron eines Reiter-Regiments

	A) Stab	B) Stabs-Schwadr. Gruppe Führer	Nachr.Zg.	Erk.Zg.	Pi.Zg.	Pz.Jg.Zg.	Troß	Insgesamt
Offz.	7	1	1	1	1	1	3	15
Beamte							2	2
Uffz.	1	5	16	3	5	4	19	53
Mannsch.	18	4	65	32	42	28	73	262
Reitpferde	24	10	15				2	51
Zugpferde			12				20	32
Tragtiere								—
Karabiner	9	3	65	4	15	25	68	189
MPi	17	3	17	25	29	5	2	98
Pistolen		4		7	4	3	27	45
MG.			1	3		3	1	12
Geschütze						3 (7,5 Pak)		3
bespannte Fahrzeuge			5				5	10
Kräder	3			2	1	1		7
PKW	3		3	10	1	1	2	20
LKW			11		5	1	20	37
RSO						3		3
gep. Kfz.			1					1

Stab und Stabsschwadron einer Reiter-Abteilung

	A) Stab	B) Stabs-Schwadr. Gruppe Führer	Nachr.Zg.	Troß	insgesamt
Offz..	6	1	1		8
Beamte				2	2
Uffz.	2		5	13	20
Mannsch.	14	1	35	31	81
Reitpferde	16		32	4	54
Zugpferde			10	28	38
Tragtiere			9		9
Karabiner			13	21	34
MPi	19	1	28	18	66
Pistolen	6	1		7	14
MG.				1	1
bespannte Fahrzeuge			2	7	9
Kräder	3			1	4
Kfz	3			8	11

	Reiter-Schwadr. eines Reiter-Rgts.	*Maschinengewehr-Schwadr.* eines Reiter-Rgts.	*Granatwerfer-Schwadr.* eines Reiter-Rgts.
Offz.	3	3	3
Uffz.	35	32	39
Mannsch.	186	152	189
Reitpferde	196	146	179
Zugpferde	34	60	76
Karabiner	80	29	42
Sturmgewehre	124		
ZF-Gew.	6		
MPi		127	179
Pistolen	12	35	14
l.MG.	6	1	4
s.MG.		12	
Gr.W.			12 (8 cm Gr.W.)
besp.Fahrz.	9	21	30
unbesp.Fahrz.	1	12	22
Kräder		2	2
PKW	1	3	4
LKW	2		

Reitergruppe mit der Ausrüstung bis Anfang 1941.

Gliederung einer Kavallerie-Brigade 1945

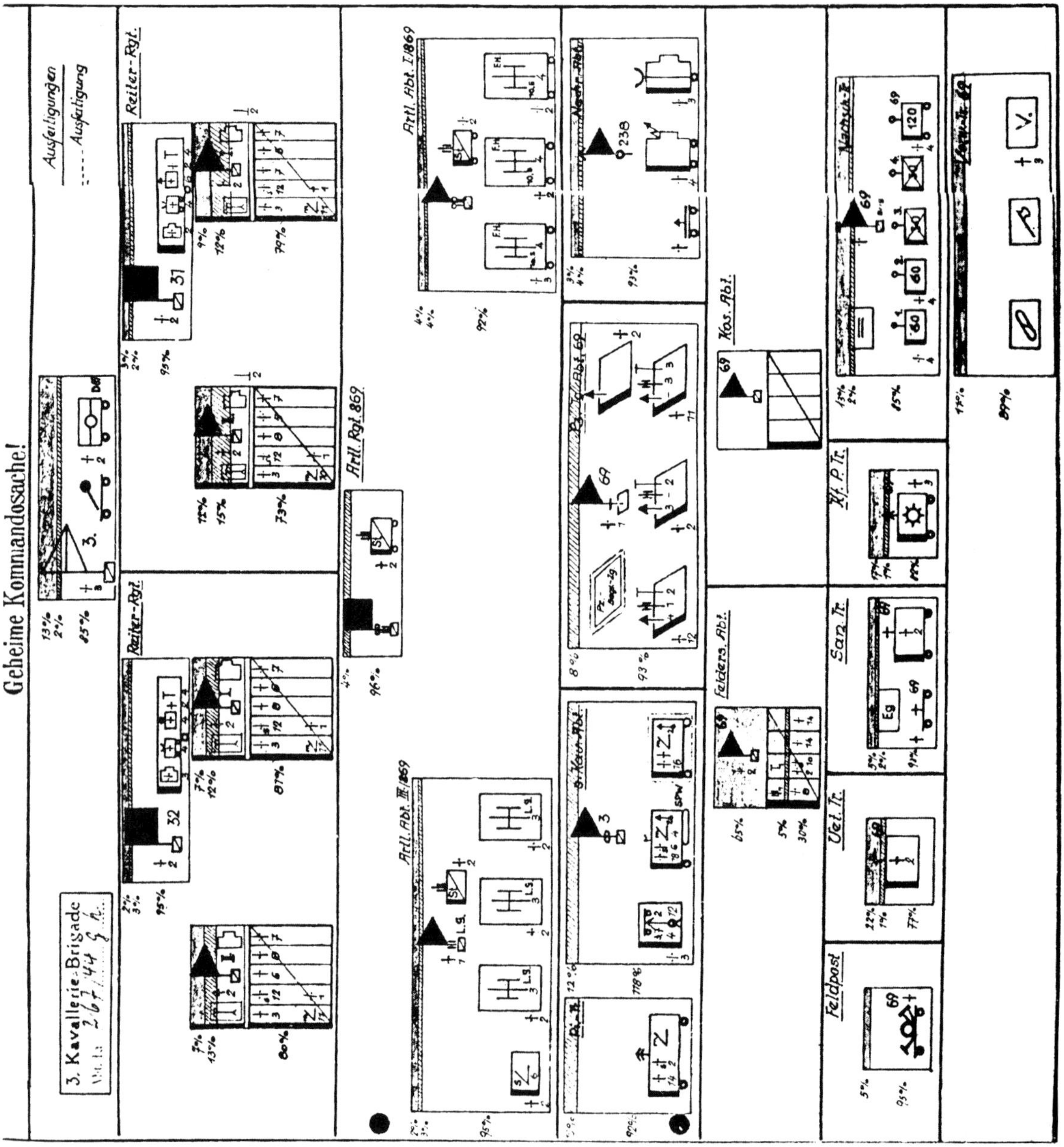

Truppenkennzeichen

1. Kavallerie-Division (Der springende Reiter) später 24. Panzer-Division

Kavallerie-Regiment-Mitte

Kavallerie-Regiment-Süd

8. SS-Kavallerie-Division »Florian Geyer«

22. SS-Freiw.-Kav.-Division »Maria Theresia«

37. SS-Freiw.-Kav.-Division »Lützow«

Ärmelabzeichen

XV. Kosaken-Kavallerie-Korps

Don-Kosaken-Regiment

Kuban-Kosaken-Regiment

Terek-Kosaken-Regiment

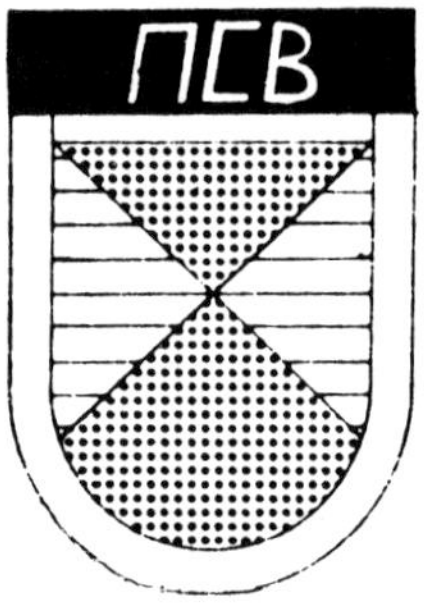

Sibir-Kosaken-Regiment

4. Kavallerie-Division

an der Schirmmütze und Feldmütze zwischen Hoheitsadler und Kokarde; bei Kavallerie-Regiment 5 auch auf den Schulterstücken und Schulterklappen getragen.

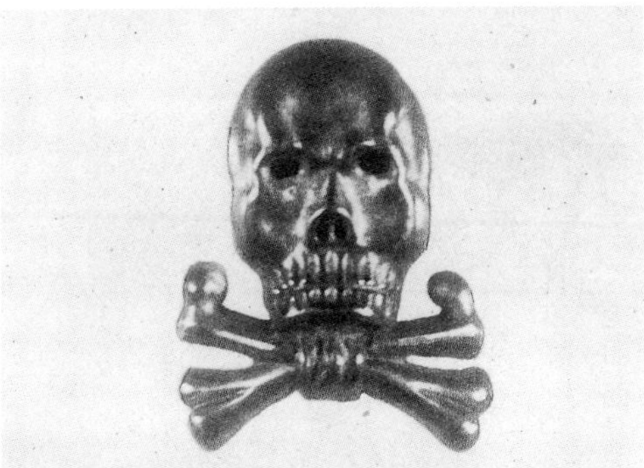

Preußischer Totenkopf
der Leibhusaren-Regimenter Nr. 1 und Nr. 2, getragen von der 1. u. 2. Schwadron / Reiter-Rgt. 5; später Stab, Trompeterkorps und I. Abteilung / K.R.5, ohne 3. Schwadron (Blücher-Husaren).
1943 übernommen vom Kavallerie-Regiment-Nord, später umbenannt in Kavallerie-Regiment 5 »Feldmarschall von Mackensen«.

Braunschweiger Totenkopf
bei der Kavallerie getragen von der 4. Schwadron / Reiter-Rgt.13, später II. Abteilung / K.R.13; 1943 übernommen vom Kavallerie-Regiment-Süd, später Reiter-Rgt. 41.

Dragoneradler
auch als »Schwedter Adler« bezeichnet, ursprünglich getragen vom 1. Brandenburgischen Dragoner-Regiment Nr. 2, weitergeführt von der 2. und 4. Schwadron / Reiter-Rgt. 6, später Kav.-Rgt. 6
1943 vom Kavallerie-Regiment-Mitte übernommen und 1944 auf die gesamte 3. Kavallerie-Brigade übertragen.

Ärmelbänder

Die Ärmelbänder konnten nur noch teilweise an die Truppe ausgegeben werden.

8. SS-Kavallerie-Division »Florian Geyer«
Der Kavallerie-Verband der Waffen-SS, zunächst eine Brigade, wurde 1942 zur SS-Kavallerie-Division erweitert und erhielt 1943 bei der Durchnumerierung aller Divisionen der Waffen-SS die Nr. 8.

Anläßlich der Namensverleihung »Florian Geyer« wurde der Division ein neues Ärmelband verliehen.

Das 1944 zum Sonderverband erklärte Kavallerie-Regiment 5 erzielt die Bezeichnung »Feldmarschall von Mackensen« anläßlich des 95. Geburtstages dieses Heerführers des I. Weltkrieges.

Das Reiterabzeichen

Der »Reichsverband für Zucht und Prüfung deutschen Warmblutes« führte in den 30er Jahren ein Reiterabzeichen in den Stufen Bronze, Silber und Gold ein. Damit sollte der Ausbildungsstand in allen Bereichen reiterlichen Lebens vertieft werden. Die Stufen in Bronze und Silber wurden nach einer besonderen Prüfung verliehen, in welcher ein entsprechendes Maß an reiterlichem Können und theoretischen Kenntnissen in der Anatomie, Haltung und Pflege des Pferdes nachgewiesen worden war. Da das Heer u. a. die größte reiterliche Ausbildungsorganisation darstellte, wurden Rittmeister in der Dienststellung eines Schwadron-Chefs und Hauptleute der bespannten sowie der reitenden Artillerie in der Dienststellung eines Batterie-Chefs befugt, diese Prüfungen im militärischen und zivilen Bereich abzunehmen. Erstaunlicherweise wurde davon in der Truppe wenig bis kaum Gebrauch gemacht.

Teils mag es daran gelegen haben, daß in den Jahren des Heeresneuaufbaues neben dem strapaziösen Dienst kaum Zeit für die Vorbereitung und Durchführung dieser Prüfung vorhanden war. Ein anderer Grund ist darin zu sehen, daß die Kavalleristen und Artilleristen ihr reiterliches Können als berufliche Selbstverständlichkeit ansahen, welche nicht durch ein besonderes Abzeichen zur Schau gestellt werden mußte. Soweit Uniformierte das Reiterabzeichen überhaupt trugen, gehörten sie zumeist nicht den beiden vorstehend genannten Waffengattungen an.

Pferde-Ersatz und Pferde-Ergänzung

Die Wehrmacht war der größte Tierhalter im Deutschen Reich. Neben einer vergleichsweise kleinen Anzahl von Brieftauben, Melde- und Sanitätshunden verfügte das Heer im Frieden über einen Bestand von 180.000 Pferden, einschließlich einiger hundert Maultiere.

Davon entfielen auf die Infanterie ca. 50%, auf die Artillerie 36% und auf die Kavallerie 12%. Die restlichen 2% wurden bei der Pioniertruppe, der Nachrichtentruppe, den Schulen, höheren Stäben und sonstigen Heereseinrichtungen verwendet. Bei Mobilmachung 1939 wurden der Truppe 15.000 Pferde aus den Remonteämtern zugewiesen. Um jedoch auf die erforderliche Kriegsstärke von 855.000 Pferden zu kommen, mußten weitere 660.000 im alten Reichsgebiet nach dem Reichsleistungsgesetz ausgehoben werden. Letzteres enthielt unter anderem eine »Pferde-Ergänzungsvorschrift«, die bis in die letzte Einzelheit festlegte, auf welche Art und Weise diese Pferde-Ergänzung durchzuführen war.

Auszug aus dem Reichsleistungsgesetz

III. Pferde und Bespannfahrzeuge

20. Pferdeergänzungsvorschrift (PfdErgV)

Vom 13. August 1938 (RMBl. S. 567) mit der Aenderung vom 23. Dezember 1938 (RMBl. S. 1042)

Für die Durchführung der Pferdeergänzung wird auf Grund des § 33 des Gesetzes über Leistungen für Wehrzwecke (Wehrleistungsgesetz) vom 13. Juli 1938 (Reichsgesetzbl. I S. 887)[1] nachstehende Pferdeergänzungsvorschrift erlassen.

Inhaltsübersicht

---

[1] Jetzt: Reichsleistungsgesetz. Die PfdErgV ist gemäß § 35 RLG in Geltung geblieben.

10*

Parallel zur Pferde-Ergänzung fand in Frieden und Krieg fortlaufend der sogenannte Pferde-Ersatz statt. Dafür waren im Frieden drei, im Krieg sechs Remontierungs-Kommissionen zuständig. Diese kauften auf öffentlichen und privaten Märkten Nachwuchspferde, zumeist 3 oder 4jährig an, die als »Remonten« bezeichnet wurden. Im Frieden kamen die Remonten zunächst ein Jahr in ein Remonteamt, um auf einen gleichmäßigen Futter- und Pflegezustand gebracht zu werden. Während des Krieges mußten zumindest die 4jährigen und älteren Pferde häufig sofort in Ausbildung genommen werden. Die Qualität des Pferde-Ersatzes hatte auf Grund der sorgfältigen Auswahl und der weiteren Aufzucht in aller Regel einen höheren Standard als die der Pferde-Ergänzung. In den Jahren 1934-38 zahlte die Heeresverwaltung für ein 3 bis 4jähriges Pferd der Güteklasse I 1.300 bis 1.400 Reichsmark. Während des Krieges stieg in Folge der inflationären Wirtschaftslage der Preis für die gleiche Güteklasse auf 1.900 - 2.600 Reichsmark an.

Für die im Rahmen der Pferde-Ergänzung ausgehobenen Renn-, Reit- oder Turnierpferde zahlte der Staat sogar 3.000 - 4.000 Reichsmark.
Der Pferdebestand des Deutschen Reiches, der 1939 wieder auf 3.800.000 angestiegen war, reichte jedoch nicht aus, um die Wehrmacht im erforderlichen Umfang mit Reit-, Zug- und Tragtieren zu versorgen. Deshalb wurde es bereits ab 1936 notwendig, Pferde im Ausland anzukaufen. Die Lieferstaaten waren Ungarn, Rumänien, die Tschechoslowakei und Irland.

In den ersten Kriegsjahren konnten 435.00 Beutepferde, hauptsächlich aus den Heeren Polens, Frankreichs und der Sowjetunion übernommen werden. Im weiteren Verlauf des Krieges wurden in allen besetzten Staaten insgesamt über 1.400.000 Pferde ausgehoben (und vergütet), sowie weitere 10.000 Pferde in neutralen und befreundeten Staaten angekauft.
Somit ergibt sich ein Umfang von rund 2.750.000 Pferden und Maultieren, die von der Deutschen Wehrmacht während des II. Weltkrieges verwendet wurden.

Die 3. Remontierungs-Kommission, Berlin, bei ihrer Tätigkeit. Die Angehörigen dieser Kommissionen waren Fachleute von höchsten Graden, ihr »Pferdeverstand« geradezu sprichwörtlich. Dank ihrer Fähigkeiten verfügte das Friedensheer über ein erlesenes Pferdematerial.

Die Kavallerie-Schule und der Reitsport

Die Gebäude der traditionsreichen Kavallerie-Schule Hannover konnten den Anforderungen der stark vergrößerten Wehrmacht nicht mehr genügen. Deshalb mußte diese Ausbildungseinrichtung 1937 / 38 nach Krampnitz bei Potsdam verlegt werden. Dort bezog sie die modernste Kasernen-Anlage des Heeres, die großzügig am Ufer des Krampnitz-Sees errichtet worden war.
Im Bild, vor dem Turm der Hauptwache der Schule in Krampnitz, die ganz auf Füchsen berittene Reiter-Lehr-Schwadron, rechts das auf Schimmeln berittene Trompeterkorps der Kav.-Lehr- und Versuchs-Abteilung.

Das Bild der Wehrmachts-Kavallerie wäre ohne eine kurze Darstellung des Reitsportes unvollständig. Der Vertrag von Versailles gestand dem Reichsheer keine zentrale Ausbildungsstätte für die Kavallerie zu. Dennoch wurde in Hannover, dem Sitz des ehemaligen Militär-Reitinstituts der alten Armee, eine Kavallerie-Schule aufgebaut. Um Schwierigkeiten mit den Staaten der Entente zu vermeiden, erhielt diese Schule zunächst die Bezeichnung: Zureitanstalt für Reitpferde der Infanterie-Offiziere.

Tatsächlich jedoch wurden vorrangig Reitlehrer ausgebildet, die nach dem I. Weltkrieg wieder eine einheitliche, der Reitvorschrift entsprechende Reitausbildung in der Truppe gewährleisten sollten. Die zweite Hauptaufgabe dieser Schule bestand in der Durchführung der Fähnrichslehrgänge für die Waffengattung Kavallerie.
Zu der Ausbildung zum Reitlehrer wurden nur die talentiertesten jungen Offiziere und Unteroffiziere ihrer Regimenter abkommandiert, zumal die Kapazität der Kavallerie-Schule auf Grund des knappen finanziellen Rahmens begrenzt war. Der Lehrkörper bestand selbstverständlich aus Offizieren, die im Sattel Meister ihres Faches waren. So kann es kaum verwundern, daß in den zehn Jahren, die auf den I. Weltkrieg folgten, eine reiterliche Elite herangebildet wurde, die über die ausgebildeten Reitlehrer auch in die Breite, d. h. die Truppe wirkte. Letzteres war für das Reichsheer von besonderer Bedeutung, da dessen Beweglichkeit weitestgehend von gut ausgebildeten Reitern, Fahrern und natürlich Pferden abhängig war. Es sei an dieser Stelle noch einmal darauf hingewiesen, daß sich die Motorisierung auf Grund der Auflagen von Versailles in 7 Kraftfahr-Abteilungen zu je 1 Abt.-Stab und 3 Kompanien sowie 7 Batterien motorisierter Artillerie erschöpfte. Dagegen hatte das 100.000-Mann-Heer einen Etat von 40.234 Reit- und Zugpferden zuzüglich 991 Tragtiere, woraus sich ein Verhältnis von 2,7 Mann zu 1 Pferd ergab. Diese wenigen Zahlen machen deutlich, daß die Reit- und Fahrausbildung, und deren Überprüfung im Frieden, u. a. auch durch sportliche Wettbewerbe, kein Selbstzweck oder die Förderung der kostspieligen Leidenschaft einiger Offiziere war, sondern eine dienstliche Notwendigkeit.
Nachdem bereits in den 20er Jahren einzelne Reichswehroffiziere durch ihre reiterli-

Oberleutnant Pollay, Kav.-Schule Hannover, auf dem Ostpreußen »Kronos«, der Einzel- und Mannschaftssieger in der Dressurprüfung der Olympiade in Berlin 1936.

Die Kavallerie sah sich, nicht zuletzt wegen ihres elitären Ansehens, vielfacher Kritik ausgesetzt. Das galt auch für die Heeres-Reit- und Fahrschule, die in den Augen der zumeist wenig kompetenten Kritiker eigentlich nur den sportlichen Ambitionen weniger Offiziere diente. Tatsächlich aber wurden vorrangig Reit- und Fahrlehrer ausgebildet, die ihr Können an die berittenen und bespannten Truppen des Heeres weitergaben. Dabei stellten Unteroffiziere, aber auch gut veranlagte Mannschaften, einen großen Teil der Lehrgangsteilnehmer. Wachtmeister Arlt auf »Leopard« 1942 in Krampnitz.

chen Leistungen im In- und Ausland hervorgetreten waren, erregte 1928 eine Offiziersmannschaft der Kavallerie-Schule in Amerika durch ihr Auftreten und ihre Erfolge großes internationales Aufsehen, und das zu einer Zeit, in der Deutschland von vielen ehemaligen Feindstaaten noch immer geschnitten wurde. Im Jahr 1930 richtete die Kavallerie-Schule eine III. Abteilung ein, die ausschließlich der Ausbildung in den verschiedenen Sparten des Reitsports diente. Der erreichte Leistungsstand mußte nun ständig im internationalen Vergleich überprüft werden. In diesem Sinne nahmen in dem Jahrzehnt von 1930 bis 1940 deutsche Offiziers-Equipen an nahezu allen wichtigen nationalen und internationalen Wettbewerben teil. Zunächst traten jedoch international besonders die Mannschaften der italienischen, französischen und schwedischen Armee hervor, wobei die Italiener im Springsport als nahezu unschlagbar galten. Da gelang es der Mannschaft der Kavallerie-Schule Hannover durch Siege in den Jahren 1931, 1932 und 1933, den Nationen-Wettkampf um die »Coppa d'Oro« zu gewinnen, einen Goldpokal von einem halben Meter Höhe, den der italienische Diktator Mussolini gestiftet hatte. Nach drei Siegen in Folge ging diese Trophäe endgültig in den Besitz der Kavallerie-Schule über. Abgesehen von zahllosen Einzelsiegen, gewannen die Reiter in der feldgrauen Uniform von 1930 bis 1940 allein 36 Nationenpreise. Den größten Erfolg jedoch errangen die deutschen Reiteroffiziere bei den Olympischen Spielen 1936. Sie gewannen alle 6 zu vergebenden Goldmedaillen, dazu eine weitere Silbermedaille. Eine derartige Überlegenheit

in den drei reiterlichen Disziplinen: Dressur - Springen - Military war von den Fachleuten zuvor nicht für möglich gehalten, und ist danach nie mehr erreicht worden.
Die im deutschen Heer entwickelte und angewandte Methode der Reitausbildung sowie die Systematik des Heranbildens junger Pferde hatte gegenüber den vergleichbaren Verfahren anderer Armeen, bzw. anderer Staaten, mehr als eine bloße Bestätigung erfahren. Die Reitvorschrift der Wehrmacht, die H.Dv. 12 von 1937, ist, in großen Teilen wörtlich, Grundlage der klassischen Reitausbildung in Deutschland geblieben, ein Sachverhalt, der heute kaum noch einem Reiter bekannt ist.
Im Zuge der strukturellen Veränderungen im Heer, mußte die Kavallerie-Schule 1937/38 von Hannover nach Krampnitz bei Potsdam verlegt werden. Dort wurde neben der Kavallerie-Schule, die nunmehr allein der Ausbildung der Offiziere und des Offiziernachwuchses diente, zusätzlich eine Kavallerie-Lehr- und Versuchsabteilung aufgebaut. Zugleich entstand in Krampnitz eine Heeres-Reit- und Fahrschule, an der in erster Linie Reit- und Fahrlehrer für alle Truppen ausgebildet wurden. In Hannover verblieb das ehemalige Fahrausbildungskommando, später die Fahrtruppen-Schule.
So qualitätvoll die Ausbildung an der Heeres-Reit- und Fahrschule auch sein mochte, ihre Kapazität und die der 13 Wehrkreis-Reit- und Fahrschulen war letztlich völlig unzureichend, um ein Millionenheer, das weitgehend auf die Verwendung des Pferdes angewiesen war, mit sorgfältig ausgebildeten Reitern, Fahrern und Pferden zu versorgen. Bereits 1939 / 40, beim Aufbau der 1. Kavallerie-Division, fehlte es an ausgebildeten Reitern und Pferden, so daß die vorgesehene Stärke nicht zu Stande kam.
Noch gravierender machte sich dieser Mangel 1943 bemerkbar, als eine neue Heereskavallerie aufgebaut werden sollte. Die Gründe dafür lagen nicht zuletzt in der Errichtung der sogenannten »Schnellen Truppen« 1938, in welchen alle motorisierten Truppenteile mit Reitern und Radfahrern zusammengefaßt wurden. Abgesehen davon, daß Reiter und Radfahrer im Vergleich zu Kraftfahrzeugen nicht mehr schnell waren, gerieten sie bei diesem Zusammenschluß als »rückständige, arme Vettern« rasch ins Hintertreffen, in eine Situation, aus der sie sich selbst nicht befreien konnten. Ihre Lage verbesserte sich geringfügig, nachdem die »Schnellen Truppen« aufgelöst worden waren, und dabei Reiter und Radfahrer am 1. 4. 1943 zur Truppengattung Infanterie (In2) wechselten. Für bedeutsame Veränderungen war das leider schon zu spät. Da die Reiter bereits seit den letzten Jahren der Reichswehr praktisch berittene Infanteristen waren, hätte diese Lösung, wäre sie früher realisiert worden, sehr viel zur Substanzerhaltung und zu einer besseren Situation aller nichtmotorisierten Truppen beigetragen.

Die Coppa d'Oro, der von Mussolini gestiftete Goldpokal, der sowohl im ideellen als auch materiellen Sinne wertvollste Ehrenpreis im internationalen Reitsport.

Das Trompeterkorps der Kavallerie-Schule / Heeres-Reit- und Fahrschule Krampnitz war vollständig auf Schimmeln beritten.

Literaturverzeichnis

1. Das Buch vom Heer, Major von Zeska, OKW 1940
2. Das deutsche Heeresveterinärwesen im Zweiten Weltkrieg, Dr. med. vet. Wilhelm Zieger, 1973
3. Der Dienstunterricht im Heer, Ausgabe für den Reiter, Dr. jur. W. Reibert, 1938
4. Die deutsche Kavallerie zwischen den beiden letzten Kriegen, Oberst a. D. Volrad von Rauchhaupt, 1958
5. Die Deutsche Wehrmacht 1933-1945, Bd. 1 Das Heer, Adolf Schlicht / John R. Angolia, 1992
6. Deutsche Wehrsprache, Major a. D. Bruno Glodkowski, o. J.
7. Deutsche Reiterhefte, Jahrgänge 1937-1941
8. »Feldgrau« Jahrg. 1955: Die deutsche Kavallerie 1939-1945 Major a. D. Hans Rudolf von Stein
9. Freiwillig dienen! Generalmajor z. V. von Unruh, 1939
10. General von Pannwitz und seine Kosaken, Erich Kern, 1971
11. Geschichte des Reiter-Regiment 1, Teil I 1962 und Teil II 1965, Generalleutnant a. D. Wilhelm Behrens / Rittmeister a. D. Dietrich Kühn
12. Geschichte des Kavallerie-Regiment 5, Gerd Stolz / Major a. D. Eberhard Grieser, 1975
13. Geschichte des Kavallerie-Regiment 8, Hptm. a. D. G.-W. Jeffke (+) o. J.
14. H.Dv. 11/1 Das Truppenpferd 1937
    H.Dv. 12 Reitvorschrift 1937
    H.Dv. 299/2 Die Reiterschwadron 1937
    H.Dv. 299/3 Die Radfahrerschwadron 1937
    H.Dv. 299/6a Die Maschinengewehrschwadron 1937
    H.Dv. 299/10 Die Aufklärungsabteilung (mot) u. (tmot) 1939
    H.Dv. 316 Pionierdienst aller Waffen 1935
    H.Dv. 476/2 Das allgemeine Heeresgerät 1936
    Teil 2 Pferde- und Tragtierausrüstung
15. Jahrbuch des deutschen Heeres, Jahrgänge 1936-1940, Reichskriegsministerium, sp. OKH
16. Kavallerie-Divisionen der Waffen-SS, Hanns Bayer, 1982
17. Reichsleistungsgesetz, 2. neubearbeitete Auflage, 1944
18. Roß und Reiter am Feind, Bd. 1, Kriegsberichterstatter der Propaganda-Kompanien, o. J.
19. Überblick über die Entwicklung der deutschen Kavallerie vor und in diesem Kriege. Der Gen.d.Inf. im OKH - I Kav., 1945
20. Verbände und Truppen der deutschen Wehrmacht und Waffen-SS 1939-1945, Georg Tessin, 1962
21. Waffen- und schießtechnischer Leitfaden, Karl Fischer 1943; sowie zusätzliche Heeres-Druckvorschriften, verschiedene Ausgaben des »Reibert« und weitere Literatur über die Kavallerie der Wehrmacht.

Bildnachweis

Traditions-/Regiments-Vereinigungen:
R.R.1, R.R.2, K.R.3, K.R.5, K.R.6, R.R.7, K.R.8, K.R.9, K.R.13, K.R.15, K.R.18, K.R.M. (R.R.31 u. 32), »ALA« sp. PzALA.
Weitere Fotos stellten zur Verfügung:
Hanns Bayer, Conrad Müller, Hans Schenk, Heinrich Schmidt, Winfried Schott, Heiner Schubert, Hans Otto Wachter
Alle weiteren Abbildungen:
Slg. d. Verfassers

Allen, auch den namentlich nicht genannten, die durch Fotos oder in anderer Weise zum Entstehen dieses Buches beigetragen haben, sei an dieser Stelle noch einmal Dank gesagt.
Dies gilt last not least besonders Herrn Rittmeister a. D. Müller für sein Vorwort aus der Sicht eines Einheitsführers in der letzten Phase deutscher Kavallerie.

[illegible] 65, 66, 68

[illegible] 35